아름다운 세상을
만들어가는 소중한 인연의

_____ 님께

이 책을 드립니다.

세기의
유머, 행복바이러스

세기의
유머, 행복 바이러스

저자 **임세기**

프롤로그 prologue

삶의 궁극적인 목표가 행복이라면 그 중에 가장 강조하고 싶은 것은 청복(淸福)이다. 큰 박수와 깔깔 웃는 모습으로 대표되는 엔돌핀이 솟는 것도 좋지만 그 보다 4천 배가 높다는 다이돌핀이 생성되도록 하는 것이 중요하다. 다이돌핀은 아름다운 경치를 보고 감동할 때, 환상적인 사랑에 빠졌을 때, 새로운 진리를 깨달았을 때 생성된다.

인생이 행복하려면 노년이 행복해야 되고, 하루가 행복하려면 저녁이 행복해야 된다. 저녁 식사 자리에서 멋진 유머 한 마디, 음주와 함께하는 짜릿한 건배사 한 마디, 숙연한 분위기를 자아내는 한편의 시 낭송, 이런 요소들이 모여 행복한 시간을 보장해 준다.

여기에 실린 유머, 건배사, 시는 그 동안 대학교나 기업체에서 인생행복 강의를 하거나 평소 모임 장소에서 많이 활용하던 것을 정리하여 모은 것이다.

학교에 다니던 학창시절에는 돈이 없고 가난해서, 사회에 나와 직장 생활로 근무할 때는 책을 읽을 시간적 여유가 없거나 필요성을 절실히 느끼지 못해서 책과 거리를 둔 것이 사실이다.

그런데 수협은행 입사 12년 만인 2005년 7월 19일 청주지점장으로 발령을 받고 지점장 생활을 시작하면서 공식적이든 비공식이든 만남이 빈번해졌고 자연스럽게 자신을 소개하거나 수협을 홍보하는 자리가 많아지게 되면서 책을 가까이 하게 되었다. 그동안 책을 가까이 하지 못한 것에 대한 화풀이라도 하듯 청주지점장 3년 6개월 동안 약 일천 권을 읽었다.

 책을 읽는 순간순간 본인도 모르게 '손이 춤추고 발이 뛰는 수지무지 족지도지(手之舞之 足之蹈之)'의 희열을 느낀다. 또한 읽는 것에서만 끝내지 않고 감동적인 글이나 재미나고 아름다운 시(詩)를 뽑아 고객들의 생신이나 기념해야 할 날에 마케팅으로 이용하여 고객들을 행복하게 해주는 기회를 만들기도 했다.

 여러 방면에서 달인은 아니지만 골프, 수영은 물론, 사교댄스, 마술, 손 글씨, 색소폰 등 다양한 것을 배우고 접해왔다. 최근에는 시와 한자를 배우면서 한자의 매력에 심취하게 되었다. 우리글의 많은 부분을 차지하는 한자의 의미와 몰랐던 단어를 새로이 깨달으면서 한자능력평가 사범 및 한자·한문 지도사 특급을 취득하였다. 그리고 한자를 다른 이

들에게 설명할 때 역사를 곁들이면 또 다른 재미를 가미할 수 있을 것 같아서 한국사능력평가 1급을 취득하고 더 나아가 한국사 유머를 개발하게 되었다.

　행복한 사람이 높은 성과를 낸다는 말이 있다. 주변에 살펴보면 복을 갖고 다니는 사람이 있다. 그런 사람은 항상 웃으면서 긍정적인 마인드로 주위 사람들로 하여금 행복을 만끽하게 만든다. 내 자신도 그런 사람이 되고자 노력을 아끼지 않았다. 사실을 바탕으로 재가공 된 유머나 건배사, 마음으로 전하는 시(詩), 삶의 질을 높여주는 한자풀이로 행복의 징검다리를 만들려고 노력해왔다.

　"꿈을 아끼면 성공할 수 없고 웃음을 아끼면 행복할 수 없다. 꿈과 웃음을 간직하여 성공과 행복이 함께 하기를 바란다."

　유머와 건배사를 이렇게 책으로 엮게 된 것은 지점장이 된 후 그 꿈을 꾸기 시작했기 때문이다. 독자 여러분도 꿈과 웃음으로 더 아름다운 성공과 행복이 함께 하기를 바란다.

프롤로그   005

chapter 1   "유머는 스토리다"   017

1. 금융상품 관련 유머   019
2. 비가 오는 이유?   022
3. 김삿갓의 운우지정(雲雨之情)   024
4. 어느 노부부의 한담(閑談)   027
5. 을지문덕과 살수대첩   028
6. 이율곡과 임진왜란   030
7. 이순신과 명량대첩   032
8. 중국 역대 왕조 단숨에 외우기   034
9. 4대 판소리 훑어보기   036
10. 여자의 일생   040
11. 8자의 의미   044
12. 18의 의미   046
13. 108의 의미   048
14. MT의 또 다른 의미   050
15. 당황(唐慌)과 황당(荒唐)   051
16. 인연(因緣)과 연인(戀人)   052

17. 봉사(奉仕)와 복상사(腹上死)	054
18. 안타까운 사랑 4가지	056
19. 문어, 낙지, 주꾸미, 오징어 다리는 몇 개?	058
20. 노래 가사 바꿔 부르기	059
21. 노래 가사 뜯어보기	062
22. 연산군과 무갑기을(戊甲己乙)	065
23. 조선의 선비와 기생	067
24. 황진이와 남자들	074
25. 수험생의 영원한 고민	079
26. 고추 농사	080
27. 생각보다는 행동	082
28. Oh! My God!	083
29. 유머로 자기 소개하기	086
30. 유머로 발음 연습하기	088

chapter 2 "건배사는 사랑이다" 093

1. 첫 인연을 소중히 095
2. 당신과 행복을 097
3. 부부의 겸손 098
4. 스트레스를 반갑게 099
5. 소화제를 마시면서 100
6. 자기야 힘내 101
7. 오래 보아야 사랑스럽다 102
8. 옆에 있어 고맙다 104
9. 하하 웃지 않는 그대는 바보 105
10. 주꾸미와 오징어 106
11. 백두산과 한라산 107
12. 시이오(視耳娛)를 즐기자 108
13. 행복한 사람이 생산력이 높다 109
14. 우리 서로 Kiss해요 110
15. 사람은 사랑이다 111
16. 술은 정이다 112
17. 술은 망우물이다 113
18. 다 함께 꿈을 114
19. 아내와 애인을 위하여 115
20. 매미의 일생 116

21. 은혜는 베풀고 원수는 맺지 말고	117
22. 사랑 고백하면서	118
23. 남자 존재 이유는?	120
24. 우리는 하나다. 이대로 영원히	122
25. 인생 뭐 있니? 전세 아니면 월세지!	123
26. 불요파(不要怕) 그리고 불요회(不要悔)	124
27. 직장성공을 위하여	125
28. 짜다면 짜다	126
29. 멋진 꿈을 이루자	127
30. 해불양수(海不讓水)와 상선약수(上善若水)	128
31. 인생성공을 위하여	129
32. 니나노 지화자	130
33. 귀할수록 방목하자	131
34. 감사만이 꽃길이다	132
35. 해당화(海棠花) 안녕!	133
36. 줄 테면 막 주자	134
37. 돈 버는 건 기술로, 돈 쓰는 건 예술로	135

chapter 3 "시는 마음이다"　　　　　　　　139

1. 당신이 원하신다면　　　　　142
2. 화양연화(花樣年華)　　　　　144
3. 직장행복 경영　　　　　　　145
4. 어머니란 이름으로　　　　　148
5. 내리 사랑　　　　　　　　　149
6. 당신의 미소를 기억합니다　　150
7. 우애(友愛)　　　　　　　　　151
8. 되찾은 사랑　　　　　　　　153
9. 불혹(不惑) 사랑　　　　　　154
10. 필연적 사랑　　　　　　　155
11. 사랑 실천　　　　　　　　156
12. 정(情)과 사랑　　　　　　　157
13. 사랑의 사계절　　　　　　158
14. 회(膾) 사랑　　　　　　　159
15. 사람 사랑　　　　　　　　161
16. 가 버린 사랑　　　　　　　162
17. 역발상(逆發想) 사랑　　　　163
18. 미워할 수가 없네요　　　　164
19. 포근하게 찾아 온 당신　　　165
20. 탄생 그리고 감사　　　　　166
21. 행복여행　　　　　　　　　167

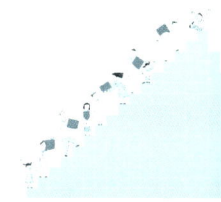

22. 사랑 그리고 행복　　　　　　　　168
23. 사랑하기 때문에 행복합니다　　　169
24. 우연적 행복　　　　　　　　　　170
25. 새로운 행복을 꿈꾸면서　　　　　171
26. 행복에게　　　　　　　　　　　 172
27. 엄마 봄길 사랑　　　　　　　　　173
28. 애(愛)… 알 수 없어요?　　　　　 174
29. 이쁘니깐　　　　　　　　　　　 175
30. 진주혼(眞珠婚)을 축하하며　　　 176
31. 사랑은 파도를 타고　　　　　　　177
32. 함께 하여 행복한 시간　　　　　 178
33. 고희(古稀)를 축하하며　　　　　 179
34. 칠순을 축하드리며　　　　　　　180
35. 그대가 있기에　　　　　　　　　181
36. 진리 사랑　　　　　　　　　　　182
37. 별 사랑　　　　　　　　　　　　183
38. 은혼 빛 사랑　　　　　　　　　　184
39. 절기(節氣)와 행복　　　　　　　 185
40. 석별(惜別)　　　　　　　　　　 187
41. 나의 인생, 나의 행복　　　　　　188

chapter 4 "한자는 인생이다" 193

1. 재미로 푸는 한자 자원풀이   196
2. 알아두면 힘이 되는 한자 숙어풀이   224
3. 삶의 질을 높여주는 한자 문장풀이   238

추천의 글   248
에필로그   254

유머는
스토리다

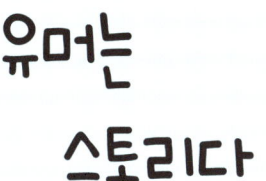

희로애락(喜怒哀樂)을 함께 했던 가족, 친구, 고객 등 주변사람들에게 재미있는 일들을 유머로 하되 그 유머에는 스토리가 있어야 된다. 한 단계 업그레이드한 스토리가 또 다른 유머가 사랑, 웃음, 행복을 만든다

"유머는 스토리다"

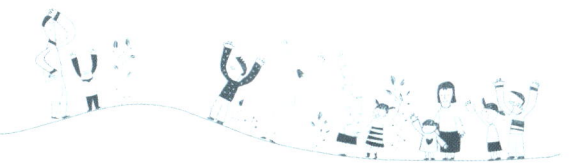

  '뉴스가 이미 한 번 들은 뉴스는 뉴스가 아니다. 그러므로 유머도 이미 남이 알고 있는 유머는 유머가 아니다'
  그 동안 즐거운 자리에서 새로운 유머를 접할 때마다 기존의 유머에 나만의 창작을 가미하여 완전히 새로운 유머를 만들어 왔다. 그러다보니 내가 다른 자리에서 유머를 하게 되면 분명 한 번 들은 유머 같은데 처음 듣는 것 같다는 반응이 많이 나오게 된다. 또한 역사적으로나 과학적 사실을 전달함에 있어도 논리적이거나 학문적으로 전달하면 무미건조하고 따분하게 들릴 수 있는 것을 유머와 웃음을 가미하여 전달하면 더 많은 호응을 얻는 경우가 많았다.
  여기서 소개하는 유머는 내가 순수하게 창작한 것도 있지만 일부는 책에서 본 것이거나 구전을 통하여 들은 것을 나만의 유머감각으로 첨삭하여 완전히 새로운 유머로 구성한 것이 대부분이다. 그리하여 재구성된 유머를 이야기하게 될 때 모든 사람들이 처음 듣는 것처럼 인식하여 주니 나만의 유머로 재평가할 만하다.
  저자 본인도 처음부터 이렇게 한 것은 아니다. 처음에는 단순히 어디서 본 것이든, 들은 것을 전달만 하는 가교 역할을 했었다. 그러나 그러한 유머를 전달했을 때 그 자리에 이미 들어서 알고 있는 사람이 있거나, 더욱이 에티켓 없이 말하는 도중에 내용이나 결과를 말해버리는 방해꾼이 있을 때에는 참으로 난감하고 맥이 풀리는 경험을 많이 겪었다. 이러한 과정이 몇 번 되풀이 될 때마다 생각하게 된 것이 나만의 유머를 만드는 것이었다. 따라서 어떠한 유머도 남들이 알고 있으면 안 된다는 정신으로 나만의 색깔을 기존의 유머에 포장하여 입히게 되었다. 그러한 과정을 통해서 많은 유머를 만들게 되었고 그러한 유머를 책을 통하여 소개코자 결심하게 된 것이다.

 돈으로 곰은 살 수 있지만 곰의 재주까지 살 수는 없다. 조금만 노력하면 유머 감각을 갖는 데는 돈은 들지 않는다. 그러나 유머 감각을 갖지 않으면 많은 비용이 발생하게 된다. 무형의 경쟁력을 갖추는데 유머보다 더 좋은 게 없다. 독자들도 자기만의 유머를 개발 창작하여 다른 사람에게 유머를 통해 웃음을 생산하는 기쁨을 만끽해 보기를 바란다.

1. 금융상품 관련 유머

1) 예금(預金)도 담보(擔保)가 필요하다?

속리산(俗離山) 기슭에 사는 어느 할아버지가 온천개발에 투자(投資)하고자 청주에 있는 은행을 찾아가 "투자하게 대출(貸出) 좀 해 주시오" 은행직원이 답하기를 "담보물건을 가져 오셔야합니다" 어쩔 수 없이 문전옥답(門前沃畓)을 담보로 제공하고 1억 원을 빌린 할아버지는 1년 후에 10억 원을 벌어 대출금을 갚으러 가니 은행 직원이 말하기를 "대출로 돈을 벌었으니 나머지 자금은 저희 은행에 예금해 주세요" 이에 할아버지가 천천히 말씀하시기를 "이보게 총각, 담보 있슈, 담보 주면 예금해 주지"

2) 어느 수전노(守錢奴) 얘기

돈에 대한 애착은 사람마다 제각각인데 현대판 어느 구두쇠가 해외여행을 갈 때마다 은행 인천공항지점에서 감정가 1억 원인 자동차를 담보로 대출을 받기에 은행직원이 궁금하여 물어보니 "자동차보관 조건으로 대출금 5백만 원을 받으면 1개월 이자가 3만 원인데 공항주차장에 자동차를 보관하면 하루에 3만 원이지 않소."

3) 보험(保險)도 애인(愛人)이 있어야

요즘은 애인(愛人)만들기 전성시대(全盛時代)라 애인이 없으면 사람 구실도 못한다는데 이에 애인유무에 따라 보험가입이 제한된답니다.

일반적인 보험약관(保險約款)을 보면
질문 : 애인이 있습니까? 아래 해당사항을 체크해주세요.

① 무심(無心)한 사람: 애인도 없이 용감하게 사는 사람
② 한심(閑心)한 사람: 한명 있다고 한가로이 자랑하는 사람
③ 양심(良心)이 있는 사람: 둘은 남들도 배려하면서 양심껏 사는 사람
④ 세심(細心)한 사람: 애인 셋을 관리하려면 상당히 세심한 사람
⑤ 사심(私心)이 있는 사람: 넷은 가정을 소홀히 할 사심이 있는 사람
⑥ 오심(誤心)한 사람: 다섯은 가정을 파탄시킬 오판(誤判)한 사람

따라서 보험가입이 가능한 사람은 ②, ③, ④이며 ①은 자살(自殺) 확률이 높아서 보험금 지급이 예상되며 ⑤, ⑥은 이혼 등으로 민원발생 가능성이 높아서 보험 가입이 불가능하답니다.

4) 애냐 드릴까요? 딸냐 드릴까요?

아들만 다섯을 키워온 할아버지가 칠순여행을 가려고 은행 창구에서 엔화와 달러를 환전을 하는데 귀여운 은행 여직원이 "아버님, 애 냐(엔화)드릴까요? 딸 냐(달러)드릴까요?" 이 소리를 들은 할아버지는 몹시 흥분하여 "음 나야 아무나 좋지, 이왕이면 딸을 낳아주면 더 좋지"

5) 어려운 상속(相續) 얘기

삼형제를 남기고 임종(臨終)을 맞게 된 농부가 유언(遺言)을 남기기를 "재산(財産)이라고는 소 17마리인데 첫째는 1/2, 둘째는 1/3, 셋째는 1/9을 갖도록 해라" 하고는 유명(幽明)을 달리하였다. 아들 셋은 아무리 고민하고 연구를 해도 소 한마리를 도살(屠殺)하지 않고는 도저

히 해답을 찾지 못하던 중 지나가는 노승(老僧)이 해결책을 말씀하기를 "앞집에 소 한 마리를 갖고 오시오. 자 이제 18마리에서 첫째는 1/2에 해당하는 9마리를 갖고, 둘째는 1/3인 6마리, 셋째는 1/9인 2마리를 가지시오, 합이 17마리이니 남은 1마리는 다시 앞집에 가져다주시오" 하고 해결을 해주고는 유유히 사라졌다.

2. 비가 오는 이유?

　하늘에서 비가 왜 내릴까요? 많은 사람들이 고기압과 저기압이 충돌해서 내린다고 한다. 과연 그럴까요? 그럼 그 고기압과 저기압을 보셨습니까? 보지 못하고 확증도 없는 고기압과 저기압을 운운하는 것은 비과학적이고 비상식적이다.
　이제부터 제가 왜 비가 오는지에 대해서 설명을 하겠습니다.

　태초에 하늘은 하얀색이었다. 그런 하늘이 파란 바다를 사랑하게 되었다. 그래서 하늘은 스스로 파란색으로 변하게 되었다. 이를 옆에서 지켜보는 바람이 매우 안타깝게 여기어 둘의 사랑을 맺어 주려고 궁리를 하게 되었다. 혼자 힘으로는 힘들다고 느낀 바람은 구름을 이용하기로 했다. 그래서 바람이 구름을 끌고 오게 되었고 구름이 일면 드디어 비가 오게 되었다. 그래서 비가 오는 날은 하늘과 바다가 사랑하는 날인 것이다. 남녀 간의 육체적 사랑을 옛적에는 운우지정(雲雨之情)이라고 하는데 바로 여기서 유래된 것이다. 혹여나 비가 억수로 오는 날은 하늘과 바다가 열렬히 사랑하는 날이고, 그날은 황홀한 사랑을 보낸 증거로 일곱 색깔 무지개가 뜨는 것이다. 한편으로 사랑을 맺어 주려 바람이 구름을 불러오는데도 구름이 따라오지 않을 때도 있는데, 이를 우리는 바람 맞았다고 한다. 한편 일반적으로 남녀 간 부정한 사랑을 바람을 핀다고 하는데 그 유래도 여기서 시작된 것이다. 이렇게 왜 비가 내리는지를 그 근원부터 알아야 되는 것이다. 그런 의미에서 우리는 2013년에 개봉한 송강호, 이정재 주연의 '관상'이라는 영화를 보았을 것이다. 거기 마지막 장면을 기억합니까? 관상으로 봐서는 임금 관상이 아니었지만 결국은 임금이 된 세조에게 아들을 잃고 바닷가를 홀로 걸으면서 중얼거리는 송강호의 말을.

"나는 파도를 보았지만 파도 뒤에 있는 바람을 못 보았구나! 나는 관상을 보았지만 시대 흐름을 못 보았구나?" 비가 왜 오는지는 그 비 뒤에 바람이 있기 때문인 것을, 왜 파도가 이는지는 파도 뒤에 바람이 있다는 것을 알아야하는 것이다. 이제부터 일상생활을 함에 있어 어떤 일이 발생하여 잘못된 경우에 원천적인 원인을 찾아보는 것이 좋겠다.

3. 김삿갓의 운우지정(雲雨之情)

　남녀 간의 육체적 사랑을 가장 시적으로 표현한 시인이 김삿갓인데 그의 시를 감상해 보자. 과거급제를 하여 공직생활을 시작한 지 얼마 지나지 않아 자기가 과거시험에서 우수한 성적을 낸 시험 답안지 내용이 본인의 할아버지 김익순을 비판한 글임을 알게 된 김삿갓은 사표를 던지고 유랑 생활을 시작하게 된다. 조상을 욕보인 자로서 하늘의 태양을 볼 가치도 없다고 생각한 김삿갓은 삿갓을 쓰고 시를 읊으면서 전국 방랑으로 숙식을 해결하면서 다니게 되었다. 그러던 중에 어느 황해도 주막집에 들른 김삿갓은 가련이라는 해어화(解語花:기생)를 만나게 되었고 술상 앞에서 가련과 운우지정을 나누고자 가련의 이름으로 시를 지었다.

김삿갓의 작업멘트
名之可憐色可憐(명지가련색가련)
이름도 가련인데 얼굴도 가련하구나!
可憐之心亦可憐(가련지심역가련)
가련이의 마음 또한 가련하구나!

이에 당시의 기생도 시에 강한지라 가련이 또한 시로서 화답을 하였다.

爲爲不厭更爲爲(위위불염갱위위)
해도 해도 싫지 않아서 또 하고 하고
不爲不爲更爲爲(불위불위갱위위)
하지 말아야지 하지 말아야지 하면서도 또 하고 하고

완곡한 승낙으로 받아들인 김삿갓은 술상을 물리고 한 판의 운우지정을 나누었다. 사랑을 만끽한 김삿갓은 모든 남자가 그러하듯 사랑을 하고 난 뒤에 다시 차린 술상 앞에서 남자의 특유의 빈정거림으로 또 한 편의 시를 읊었다.

毛深內闊(모심내활)하니
털은 깊고 속은 광활하니
必過他人(필과타인)이라
어떤 사나이가 지나갔구나!

글을 꽤나 알고 뭇 남성과는 다르다고 생각하여 사랑을 받쳤더니 결국은 자연의 이치도 모르는 보통의 남자라고 여긴 가련이도 한 편의 시로 대구하였다.

溪邊楊柳不雨長(계변양유불우장)하고
시냇가에 있는 버들나무는 비가 오지 않아도 절로 자라고
後園黃栗不蜂坼(후원황율불봉탁)이라
뒤뜰에 있는 누런 밤송이는 벌이 쏘지 않아도 절로 벌어진다.

이 시를 들은 김삿갓은 글 좀 안다고 전국을 다니면서 시를 읊고 문전걸식을 한 본인이 부끄럽고 한 기생보다도 못한 본인의 모습이 초라함을 느끼게 되었다. 그래서 다음과 같은 가련이와 작별의 시를 읊었다.

可憐門前別可憐(가련문전별가련)
가련이 앞에서 가련과 이별하려니

可憐行客尤可憐(가련행객우가련)
가련한 나그네가 더욱 가련하구나!
可憐莫惜可憐去(가련막석가련거)
가련아! 가련한 몸 떠나감을 슬퍼하지 마라
可憐不忘歸可憐(가련불망귀가련)
가련을 잊지 않았다가 가련에게 다시 오리

   이 작별 시를 남기고 황해도부터 전라도 화순까지 곡기를 끊고 7일간 걸은 김삿갓은 그곳에서 운명을 달리하였다. 2년 후 둘째 아들 김익균이 수소문 끝에 부친 시신을 수습하여 강원도 영월 고향에 안장하였으며 지금도 영월에 가면 24시간 '방랑시인 김삿갓' 노래가 구슬프게 흘러나오고 있다.

4. 어느 노부부의 한담(閑談)

1) 과거버전

200여 년 전 조선시대에서는 하룻밤 사랑을 치르고 난 뒤 만족스럽지 못해도 직설적으로 불만을 표하지 못하고 은유적으로 푸념을 했던 것이다.

부인 : "저 앞산의 딱따구리는 새 구멍도 저리 잘 뚫는 데, 우리 집 멍텅구리는 뚫린 구멍도 못 뚫는구나!"
라고 하자 남편도 은유적으로 불만을 표출한다.
남편 : "저 앞산 딱따구리는 늘 새로운 구멍을 뚫으니 얼마나 좋을까마는, 이내 몸은 每樣(매양) 헌 구멍만 뚫으니 무슨 樂(낙)이 있겠노?"

2) 현대버전

제주도에 여행을 간 부부가 말 사육 농장주로부터 "저 수말은 하루에도 백 번 교접이 가능하다"라는 말을 듣고

부인 : "저기 저 수말은 하루에도 백번 한다는데 우리 집 수컷은 백일에 한 번도 못하는구나?"
남편 : "저기 저 수말은 백번 오를 때마다 다른 말인데 이내 몸은 오를 때마다 같은 말이니 무슨 낙이 있겠노?"

5. 을지문덕과 살수대첩

가끔 술자리에서 주위의 동료가 술을 따르지 않아 기분이 좋지 않은 경우가 있을 것이다. 이를 경계하는 이야기는 다음과 같다.

589년 중국을 통일한 수(隋)나라. 건국하자마자 뭔가를 보여주려 한 수양제는 우중문에게 30만 대군을 주어 고구려를 침략케 하였다. 이에 을지문덕 장군은 수나라가 얼마나 물에 약하면 국명을 수(水)나라라고 했을까하여 물로 공격해야겠다고 생각했다. 이에 30만 대군의 99% 몰살시킨 살수대첩을 이끌었다. 이 살수가 바로 물 뿌릴 살(撒), 물 수(水)로서 물을 뿌려서 큰 승리를 세운 것이 바로 살수대첩(撒水大捷)인 것이다.

그리하여 을지문덕을 비롯하여 공을 크게 세운 장수 6명과 기생 12명이 축하연을 베풀게 되었다. 먼저 모든 장수들이 을지문덕장군에게 첫 잔을 따르고 건배사를 들은 후 이제 제각각 자기 옆 기생에게만 정신을 팔고 을지문덕에게는 무관심한 시간이 6분여가 지나갔다. 이에 자기 술잔에 채워지지 않는 빈 술잔, 아무도 관심을 표하지 않은 삭막함, 이에 을지문덕은 해우소(解憂所)를 간다는 핑계로 자리를 일어섰다. 12여 분이 흐른 시각, 을지문덕의 인기척이 없어 해우소에 가니 이미 그는 자살로 생을 마감하였다. 즉 이번에는 죽일 살(殺), 손 수(手)로 자기 몸을 살수(殺手), 즉 자살하였던 것이다. 이에 모든 장수는 자기들의 잘못을 뉘우치고 앞으로는 주위 사람의 빈 술잔에 관심을 갖게 되었던 것이다.

여기 계신 여러분도 술자리에서 주위 사람에게 관심을 갖는 배려심을 키웁시다.

여기서 문제 내겠습니다.

살수대첩은 몇 년도에 일어났을까요?

이야기 중에 암시되었는데 바로 6명의 장수와 12명의 기생, 6분의 기다림과 12분의 기다림 즉 612년도입니다.

물론 이야기 중 살수는 현 청천강(淸川江)의 옛 이름이며 자살은 가공입니다.

을지문덕이 수나라 장수 우중문을 조롱하면서 지은 시를 감상해 보겠습니다.

神策究天文(신책구천문)
신기한 책략은 천문을 구하고
妙算窮地理(묘산궁지리)
기묘한 계략은 땅의 이치를 깨쳤도다.
戰勝功旣高(전승공기고)
전쟁에서 이겨 공이 이미 높으니
知足願云止(지족원운지)
만족함을 알고 그만두기를 바라노라

6. 이율곡과 임진왜란

여러 방면에서 훌륭한 이율곡은 특히 임진왜란에서도 그 위대함이 돋보인다. 정쟁과 당파 싸움으로 어지러운 상황에서도 일본과의 외교관계를 정확히 직시하여 왜의 침입을 예상하였던 것이다. 그리하여 선조 임금이나 대신들에게 늘 왜의 침입을 대비하여 10만대군양병설을 줄기차게 주장한 것은 주지의 사실이다. 그의 예지력이 뛰어난 것은 침입을 예상한 것뿐만 아니라 왜가 몇 년도에 침입하고 전쟁 발발 후 임금의 피난 경로도 정확히 맞추었다는 사실이다.

이율곡은 임금과 육조신하들에게 늘 "우리가 **이러구 있을** 때가 아닙니다. 왜의 움직임이 심상치 않습니다. 분명 조만간 침입이 있을 것입니다."하면서 주의를 상기시켰습니다. 아니나 다를까. 그가 1584년도에 죽고 8년 후 1592년에 왜의 침입이 있었던 것입니다. 그가 꾸준히 외쳤던 **이러구 있을** 때가 아니라는 것이 바로 1592년을 예상했던 것이다. 한편으로는 전쟁이 발발할 것을 예상하고 주위 사람들에게 호소했지만 설득이 되지 않자 마음이 상할 때마다 그의 말동무 '유지'와 더불어 그의 본가가 있는 임진강 근처의 화석정(花石亭)에서 늘 기름칠을 하면서 서러운 마음을 달래었다. 그런 모습을 보는 주위 사람은 이해가 되지 않았으며 "화가 난다고 정자에 기름칠을 해서 무엇이 득이 되겠습니까?" 여쭈어 봐도 그저 '유지'와 더불어 기름칠만 하던 것이었다. 그러한 의문은 그가 임종을 맞이하여 "1592년도에 전쟁이 일어나면 아마도 어두운 한 밤에 임금님이 여기를 통과할 것이니 그때 이 정자에 불을 질러 임금님이 무사히 강을 건널 수 있게 하거라."라는 유언을 남기면서 풀렸다.

실제로 모든 것이 이율곡 예언대로 1592년 4월에 도요토미 히데요시는 부산 항구로 침입해 들어왔으며 그해 선조는 한양을 버리고 의주까지 피난을 가게 되는데 임진강 화석정에 도달했을 때에는 칠흑 같은 어둠과 장대비가 쏟아지고 있어서 강을 건널 수 없는 상황이었다. 그때 마을 주민들이 생각한 것이 바로 이율곡의 유언으로 횃불로 화석정에 불을 붙이자 몇 년간 기름을 먹은 정자는 그 밝기가 대낮 같았으므로 선조 임금은 무사히 강을 건널 수 있었다.

이율곡은 어렸을 때부터 총명하여 13세에 과거에 급제하였으며 7세에 지은 화석정의 시는 우리로 하여금 감동을 준다. 잠시 시 감상을 해 봅시다.

林亭秋已晚(임정추이만)
숲 정자에 가을이 이미 깊으니
騷客意無窮(소객의무궁)
시인의 생각은 끝이 없어라
遠水連天碧(원수연천벽)
먼 강물은 하늘에 잇닿아 푸르고
霜楓向日紅(상풍향일홍)
서리 맞은 단풍은 햇빛 받아 붉구나.
山吐孤輪月(산토고윤월)
산은 외로운 둥근 달을 토해내고
江含萬里風(강함만리풍)
강은 멀리서 불어오는 바람을 머금고 있네.
塞鴻何處去(새홍하처거)
변방의 기러기야 어디로 가느냐?
聲斷暮雲中(성단모운중)
울음소리 저녁 구름 속으로 사라지네.

- 「화석정(花石亭)」

7. 이순신과 명량대첩

어느 역사 세미나에서 사회자가 넌센스 퀴즈를 냈다.

"이순신 장군이 명량대첩에서 적진을 향하여 어떻게 나아갔을까요?"
여기저기서 답을 외칩니다.
"걸어서 나갔어요."
"칼을 차고 나갔어요."
"눈을 부릅뜨고 나갔어요."
"용감하게 나갔어요."
바로 정답은 "명랑하게 나갔습니다."였다

"그럼 이순신 장군이 전사한 해전은 어디입니까?"
"예, 바로 노량해전입니다."

여기서 우리는 얼굴 표정이 얼마나 중요한지를 알게 된다.
이순신 장군이 출근하면서 명랑한 표정을 지은 전투에서는 크게 승리하였지만 얼굴색이 노란 날의 전투에서는 의욕이 떨어져 맥을 추지 못하여 죽음을 맞이하게 되었던 것이다. 그래서 여기 계신 여러분도 어떤 일이나 사업을 함에 있어 늘 밝고 명랑한 표정으로 하면 성공할 것이고 주눅 든 어두운 표정을 하면 실패하게 되는 것이다.
그럼 이순신장군은 다른 많은 전투서 승리한 원인은 어디에 있을까요?
장군은 벌써 '피그말리온효과'를 알고 계셨던 것이다.

아래와 같은 시를 읊으면서 '**피가 마르도록**' 간절히 소망을 빌면서 승리를 희망했던 것이다. 즉 피그말리온 효과는 그냥 바라서는 이루어지지 않고 '**피가 마르도록**' 애타게 소망해야 이루어진다.

이순신 장군이 얼마나 '**피가 마르도록**' 소망했는지 다음 시를 감상해 보자.

天步西門遠(천보서문원)
임금의 행차 서쪽으로 멀어지고
東宮北地危(동궁북지위)
왕자는 북쪽 땅에서 위태롭다.
孤臣憂國日(고신우국일)
외로운 신하 나라를 걱정하는 날.
壯士樹勳時(장사수훈시)
사나이는 공훈을 세울 때이다.
誓海魚龍動(서해어룡동)
바다에 맹세하니 어룡이 감동하고.
盟山草木知(맹산초목지)
산에 맹세하니 초목이 알아준다.
讐夷如盡滅(수이여진멸)
원수를 만약 모두 멸할 수 있다면.
雖死不爲辭(수사불위사)
비록 죽을지라도 사양하지 않으리라.

－「진중음(陣中吟)」 전문

8. 중국 역대 왕조 단숨에 외우기

　학창시절에 한반도 역사 왕조는 보통 500년 역사를 유지하면서 왕조가 바뀌어 외우기 쉬우나 중국 통일 왕조 중에는 백년도 못 채운 왕조가 있을 만큼 건국과 멸망이 빈번하여 암송하기가 쉬운 것이 아니었다. 이에 중국왕조 역사를 알아보자.
　"옛적에 중국의 넓은 땅은 전설 속의 삼황오제가 통제를 하고 있었다. 그러던 중에 똑똑한 하씨라는 인간이 처음으로 통치하게 되었다. 어느 정도 집안이 융성해지고 국가가 안정적으로 통치가 되자 예쁜 공주 **하은주**의 혼사가 가장 중대한 관심사가 되었다. 그러자 성격이 활달한 하은주 공주는 자기 신랑감은 본인이 직접 구한다고 호언하면서 계절이 좋은 **춘추**(봄, 가을)로 **전국**을 다니면서 찾게 되었다. 그러던 어느 날 **진**짜 멋있는 **한**사람을 찾게 되었는데 그 과정이 실로 영화와 같았다. **위촉오**라는 삼형제를 제거하고 **5호16국**이라는 도적떼를 따돌리고 **남북조**라는 희대의 사기꾼에 속지 않고 만난 사람이 바로 **수당송**이었다. 그 사람을 알려면 친구를 보면 안다고 했지 않던가. 그래서 친구를 알아보니 술과 달을 사랑하는 이태백, 효자로 소문난 두보, 여유만만 삶을 즐기는 백거이 등인지라 결혼을 하게 되었다. 연애와 결혼은 다르다고 십여 년 살아보니 수당송이 **원래**는 **명청**한 사람임을 알게 되었다. 그 큰 나라가 한반도를 침범하다가 자책골로 지더니 멀리 영국이나 조그마한 일본에 땅을 잃을 정도로 멍청한 것이었다. 그래서 이혼한 하은주는 지금이라도 **중심**을 잡자고 다짐한 후 국가가 일대일로를 외치면서 전 세계를 장악할 정도로 중심을 잡아가고 있다."

이 이야기에서 우리는 중국 통일 왕조를 전부 언급하게 되었다. 고딕체를 순서로 나열하면 다음과 같이 중국 왕조임을 알 수 있다.

三皇(삼황, 전설) - 五帝(오제, 전설) - 夏(하, BC2070~1600) - 殷(은, 1600~1046) - 周(주, 1046~770) - 春秋(춘추, 770~403) - 戰國(전국, 403~221) - 秦(진, 221~202) - 漢(한, 202~AD220) - 魏蜀吳(위촉오, 220~280) - 5胡(호)16國(국)(316~439) - 南北朝(남북조, 439~589) - 隋(수, 589~618) - 唐(당, 618~907) - 宋(송, 960~1279) - 元(원, 1271~1368) - 明(명, 1368~1644) - 淸(청, 1636~1912) - 中(중, 1912~현재)

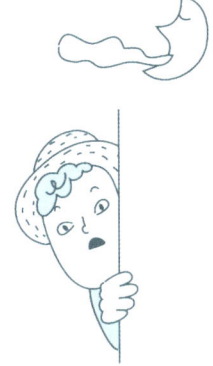

9. 4대 판소리 훑어보기

잔머리(IQ)가 발달한 토끼가 바다구경을 갔다가 그만 용왕에게 붙잡혔다. 마침 왕자가 원인 모를 불치병에 걸린지라 그 치료약은 오로지 인간의 간이었던 것이다. 자라와 함께 육지로 가서 인간의 간을 구해준다고 약속하면 살려 보내 줄테니 확약을 하라는 것이다. 이에 반드시 인간의 간을 구해서 자라에게 주리라 약속하고 자라와 함께 육지에 당도하였다. 육지에 도착하자마자 토끼는 자라에게
"메롱, 내가 어찌 음흉하고 추잡한 인간을 상대로 그들의 간을 구할 수 있겠니?" 하고는 산속 깊이 사라져버렸다.
아! 자라가 기만당함에 억울해 하면서
"난감하네~~~ 난감하네~~~"

이에 자라는 인간이 얼마나 음흉하고 추잡한지? 또 왕자가 불쌍하여 직접 간을 구하기로 하고 마을로 들어섰다. 엉금엉금 기어 놀부라는 부잣집 마당에 도착하여 부엌에서 소리가 나기에 자세히 들어보니
흥부: 형수님, 저 흥분되요.
놀부 마누라: 어디 형수 앞에서 흥분된다고 하니?
하면서 밥주걱으로 오른쪽 뺨을 때리니 흥부는 울면서도 뺨에 묻은 밥풀 2개에 기분이 좋아 보였다.
흥부 : 형수님, 정말로 저 사정하러 왔거든요?
놀부 마누라 : 뭐라고? 형수한테 사정한다고?
또 밥주걱으로 왼쪽 뺨을 때리니 밥풀 3개가 묻는지라 더욱 즐거워 보였다. 이에

흥부 : 형수님, (그 주걱을) 빨아드릴까요?
놀부 마누라 : 뭐를 빤다고, 감히 어디를
하면서 더욱 세게 때리니 이런 음흉한 광경을 본 자라는 저절로
"난처하네~~~ 난처하네~~~"

인간의 세계는 참으로 난처한 일도 있구나! 느낀 자라는 이런 사실을 알리고자 뚜벅뚜벅 관청으로 들어갔다.
관청에 들어서니 사또가 여러 선비들과 음주가무를 하면서 춘향이에게 작업을 거는 건배사를 하고 있었다.

변사또: 춘향아 들어보라. 너의 이름으로 삼행시를 지어 건배사를 할테니 오늘부터 수청(守廳)을 들도록 하여라.

성: 성질대로 정절을 지킨들 무엇하리.
춘: 춘삼월 호시절 마음껏 즐기며
향: 향기 나는 멋진 사랑 찐하게 나누자

이런 소리를 들은 춘향은 소식 없는 이도령을 원망하면서 흐느끼고 있는데, 어느 누추한 선비가 춘향 아씨를 대신해서 '변사또'로 삼행시 건배사 하겠다고 하니 좌중이 갑자기 조용해졌다.

승낙을 받은 선비 왈(曰)
변: 변함없는 여자의 순수한 마음을
사: 사적인 욕정을 채우고자 꼬드기는
또: 또라이 같은 그대는 지옥에 가리라.

이에 눈치 빠른 선비들은 그를 쳐다보고는 뭔가 범상치 않은 사람이라는 것을 느끼고는 슬금슬금 자리를 빠져나가는 것이었다. 그러나 전혀 눈치 못 챈 사또는 그저 춘향이를 꼬드기고 있는데 이를 본 자라
"난잡하네~~~, 난잡하네~~~"

정말로 토끼의 말대로 '인간은 음흉하고 추잡하다'고 느낀 자라는 '인간의 간은 더러워 약효가 없다고 알리고 용서를 빌자'고 생각하고는 바다로 갔다. 바다에 당도하니 어디선가 오페라 '이순신의 배 태워라'가 웅장하게 들리는 것이었다.

"저 배, 저 붉은 돛, 저 푸른 용머리 불 뿜는 아가리,
아, 황홀하구나, 황홀하구나, 나를 태워라, 나를 태워라, 나를 태워라, 태워라"
소리가 들리는 곳으로 가보니 거북선이 완공되어 이순신은 자기를 배 태우라고 소리치는데 이미 배에는 어여쁜 여인이 내리지 않고 먼 바다로 갈 것을 고집하고 있었다.
이순신은 자기를 태우라 하고, 심청이는 갈 것을 재촉하니
"난해하네~~~ 난해하네~~~"

이에 자라가 가까이 가서 자세히 보니 "나 이 한 몸으로 용왕의 심기를 편안히 해드려 파도가 잔잔하여 모든 어부들이 1년 내내 풍어가 되기를 바라고, 이에 아버지가 눈을 떠 광명을 찾아 밝은 세상을 보면 내 이 한 몸은 아깝지 않다"고 소리 내어 울고 있는 것이었다. 정신이 번쩍 든 자라는 저 심청이를 데리고 가면 만사가 해결될 것이라는 생각이 들었다. 이에 심청이에게 다가간 자라는 심청이를 부둥켜 안고는 바다에 뛰어들었다. 얼마 후 용왕에게 심청이를 데리고 온 자라가 하는 말 "인

간들이란 인정머리 없는 여자들. 그저 욕정을 채우려는 남자들, 실로 어떠한 인간의 간도 약효가 없으리라 생각되어 포기하고 오려고 했는데 마지막으로 만난 이 여인은 효심이 지극하니 데리고 왔습니다." 하는 것이었다. 이때 누워있던 왕자가 심청이를 보자마자 일어나더니 얼굴색이 밝아지면서 병색이 완전히 사라지는 것이 아닌가! 왕자의 병은 상사병이었으며 완치가 된 것은 오로지 심청이 덕분이어서 용왕은 둘을 결혼시켰다. 그리고 심청이가 여기 온 사유를 알게 된 용왕은 심청이와 왕자를 육지로 심 봉사를 찾아가도록 보냈다. 심봉사를 찾아오자 놀란 심봉사가 눈을 뜨게 되었으며 셋은 행복하게 살았다. 둘의 삶이 너무나 짧아서 심청이와 왕자는 먼 훗날 환생하기로 하고 아름다운 생을 마감하였다.

그리고 오늘날 심청이는 심(수)봉으로 환생하여 바닷가 부두에서 왕자가 오기만 기다리면서 노래를 부르고 있다.

"남자는 배 여자는 항구
아주 가는 사람이 약속은 왜 해
눈 멀 도록 바다만 지키게 하고
사랑했었다는 말은 하지도 마세요.
남자는 남자는 다
모두가 그렇게 다 아~ 아~ "

여기서 잠깐 한자 공부를 하고 가겠습니다. 위의 난감, 난처, 난잡, 난해 중에서 '난' 자의 한자가 다른 것은 무엇일까요?

바로 난잡(亂雜)입니다. '어지러울 난(亂)'을 쓰고, 나머지는 모두 '어려울 난(難)'을 씁니다.

즉 難堪, 難處, 難解입니다.

10. 여자의 일생

　남자와 여자의 일생을 구별하기는 조심스럽지만 여자의 일생이 더 변화무쌍한 것 같기에 어떤 우여곡절이 있는지 살펴보자.
　서울시 여러 친지들 앞에서 혼인 서약을 하고 행복한 꿈을 간직한 채 제주도로 신혼여행을 온 부부가 본격적으로 제주도 여행을 하기 전에 호텔에 짐을 풀기로 하고 숙소에 들어왔다.

　신랑: 우리 **'아나고 회'** 먹으러 갈까?
　신부: **'아니, 하고 회'** 먹으러 가자

　제주도 구경을 마치고 숙소로 돌아온 신혼 부부, 샤워하러 들어가는 신부가 신랑에게 한 마디 합니다.

　신부: 어떠한 일이 있어도 핸드백 열어보면 안 돼.
　신랑: 응, 당근이지.

　신부가 차라리 그런 말을 하지 않았으면 열어보지 않았겠지만 그런 말을 들은 이상 궁금하여 열어 보기로 하였다. 침대에 나란히 누워서 신랑이 말하기를
　신랑: 미안하지만 워낙 궁금해서 약속을 어기고 핸드백을 열어봤거든, 근데 웬 콩이 세 개가 있어?
　신부: 미안하지만, 사실 자기 만나기 전 남자 만날 때마다 콩을 한 개씩 모았거든.

신랑: 나도 과거가 있으니 세 명 정도는 용서해 줄게. 그런데 왜 만 원짜리 지폐로 싸놨어?
신부: 무거워서 만 원은 콩 한 되 판돈이야.
신랑: 아~~~!
그래도 워낙 신부가 맘에 들어 모든 걸 용서하기로 하고 행복하게 살기로 맘을 먹었다.

일 년 후, 출산 조짐이 있어 남편이 출근하면서 산모를 병원에 입원시키고 부랴부랴 출근하였다. 오후 쯤에 병원으로 전화를 걸었다

남편: 1012호 어떻게 되었나요?
상대방: 예, 지금 자세히 살펴보고 있습니다. 근데 밑에가 많이 지저분하네요?
남편: 뭐라구요? 지금 상태가 어떠냐구요?
상대방: 잠시만요. 점검중인데 아무래도 이놈 저놈이 막 타서 손 좀 많이 봐야 할 것 같은데 저도 한 번 타보고 결과를 알려드릴께요.
도대체 자기 부인에게 무슨 일이 일어난 건지 상상을 하면서 자세히 보니 전화 발신번호가 잘못 건 것을 알고 한 숨 쉬었다. 출산하러 간 산부인과 전화번호와 비슷한 카센타로 전화가 걸렸고 마침 병원 호실과 같은 차량번호 1012호가 수리 중에 있었던 것이다.

한 숨을 돌리고 퇴근 무렵에 병원으로 찾아가니 부인은 출산하고 침통한 표정으로 침대에 누워 있었다. 왜냐하면 남편이 3대 독자로서 시부모님들이 첫 아기로 아들을 그토록 소망해 온 것을 알기에 딸을 낳은 것이 마침 죄인이 된 기분이기 때문이다.

남편의 마지못한 위로를 받으면서 부인이 한마디 하기를

부인: 여보, 그래도 눈, 코, 입이 자기랑 똑같이 닮았네.
남편: 그럼 뭐해. 제일 중요한 부분이 자기를 닮았는데…

이렇게 자란 애기는 한 편으로는 귀여운 존재이고 한편으로는 눈에 가시같은 존재였다. 애기가 유치원 다닐 때에 입학 기념으로 제주도에 가족여행을 갔다. 바닷가를 걷는데 막 영어를 배우기 시작한 딸.

딸: 엄마, 저기 바다에 있는 '배'가 영어로 뭐야?
엄마: SHIP(씹)이지

한 참 걷다가 딸이 킥킥 웃는다.
엄마: 이빨도 못 생긴 것이 웃긴 왜 웃니?
딸: 엄마, 엄마, 저기 봐. 씹하고 씹새끼가 가네.

자세히 보니 바다 저 멀리에 큰 배 뒤에 작은 배가 따라가고 있었다.
몇 년 후 초등학교 다니던 딸이 어느 날 집에 와서는 다짜고짜 치아 교정수술을 해 달라고 떼를 썼다.

딸: 애들이 이빨이 못 생겼다고 놀려. 내 이빨 교정해줘.
엄마: 내가 왜 해주니. 너 이빨은 네가 커서 돈 벌어서 직접 해.
딸: 엄마가 날 이렇게 낳아 줬으니 엄마가 고쳐줘야지?
엄마: 야, 딸. 내가 낳을 때에는 그렇지 않았거든. 내가 낳을 때에는 이빨이 없었거든.

아들은 없었지만 그래도 재롱을 부리는 딸과 함께 이 행복한 가정은 남편 사업도 나날이 번창하고 있었다. 어느 날 남편회사 총무부장으로부터 전화가 걸려 왔다.

부장: 사모님. 오늘은 좋은 소식과 나쁜 소식이 있는데 무엇을 먼저 듣겠습니까?
사모님: 좋은 소식부터 알려 주세요.
부장: 저희 회사가 커져서 드디어 오늘 여비서도 채용하게 되었는데 엄청 젊고 이쁩니다.
사모님: 그럼 나쁜 소식은요?
부장: 다음 달에 사장님이 그 비서와 한 달간 해외출장 갑니다.

한 달 후 부장이 다시 사모님께 전화를 했다.

부장: 사모님, 오늘도 좋은 소식과 나쁜 소식이 있는데 뭐를 먼저 들으시겠습니까?
사모님: 응, 좋은 소식요?
부장: 출장에서 돌아온 사장님이 그 동안 고생하셨다고 꽃을 한 다발 갖고 가실 겁니다.
사모님: 그런데요, 나쁜 소식은?
부장: 그 꽃이 상가(喪家)에서 뽑아 모은 국화입니다.

이혼을 당한 부인.
콩 한 되를 판 죄도 있고, 아들을 못 낳은 여자는 얄미운 딸과 함께 살면서 중얼거렸답니다.

'여자의 일생은 남편 사업이 잘 된다고 무조건 좋아할 일은 아니야'
라고

11. 8자의 의미

8자는 고칠 수 없을까?
흔히들 8자는 고칠 수 없다고 한다. 맞는 말이다
숫자 0, 1, 2, 3, 4, 5, 6, 7, 8, 9 중에서 8을 제외한 모든 숫자는 조금만 변형을 시키면 8이 될 수 있다. 그러나 8자는 어떠한 변화 즉 첨삭을 하여도 다른 숫자로 고칠 수 없다. 그래서 8자는 고칠 수가 없다고 하는 것이다. 만약 8자를 억지로 고치면 어떻게 될까? 8자를 강제로 세로로 자르면 3이 두 개 생기고, 가로로 자르면 0이 두 개가 생긴다. 또한 팔을 접으면 반팔이 되고 억지로 비틀면 부러질 것이다. 그렇다고 8을 강제로 넘어뜨리면 ∞가 된다.

그럼 사람의 8자도 고칠 수 없을까?
사람의 8자는 밑의 0은 숙명이요, 위의 0은 운명이니 숙명은 고칠 수 없어도 운명은 고칠 수 있으니 사람의 8자는 고칠 수 있다.
그럼 운명은 어떻게 고칠까?
8자를 고치는 산식은 다음과 같다.

5 - 3 = 2

2 + 2 = 4
4 + 4 = 8

사람이 살면서 8자가 좋다는 것은 삶이 원하는 대로 이루어지는 것을 말하는데 그렇지 못한 것을 8자가 사납다고 한다. 8자가 사나운 것은 알고보면 모든 것이 인간관계에서 시작된다.

따라서 인간관계를 잘 맺는 것이 중요한데 그 시작이 바로 만남에서 시작된다. 첫 만남이든 중복된 만남이든 대인관계가 비뚤어지는 것은 사실 알고 보면 그 시발점은 충분히 소통되지 못한 오해에서 시작된다.
어떠한 사유든 오해(5)가 생길 때에는 즉시 세(3)발자국 물러서서 생각하면 이해(2)가 된다. 이해(2)와 이해(2)가 합치되면 사랑(4)이 이루어진다. 사랑(4)과 사랑(4)이 교감할 때 비로소 팔자(8)가 고쳐지는 것이다.
여기서 사랑은 아가페 사랑이든, 에로스 사랑이든 무관하며 심지어 동물이든, 사물이든, 취미든 무엇이든 좋다. 본인이 그 대상에 미칠 정도로 몰입할 수 있는 사랑을 하면 족한 것이다. 다만 일정한 대상이 없을 때에는 남녀 간의 사랑 즉 에로스 사랑이 좋다. 또한 가장 단기적이고 효과적인 것이 남녀 간의 사랑임은 틀림없다.

12. 18의 의미

　노래를 부를 때 흔히들 18번이라고 하는데 이는 일본의 대중 연극인 가부키에서 유래했다. 18가지 기예 중에 18번째 기예가 가장 재미있다고 해서 십팔번이라는 말이 생겨났다. 따라서 앞으로는 18번보다는 애창곡이라고 하는 것이 좋겠다.
　유래는 차치하고 18에 대하여 알아보자.
　2018년도는 판문점에서 남북정상회담, 북미정상회담 등 한민족의 통일 기운이 움트는 해였다고 할 수 있기에 18을 좀 더 심도 있게 알아보자.

　2018년의 200년 전에는 어떠한 일이 있었을까?
　1818년도는 다산 정약용이 18년간 유배 생활하다가 해배(解配)된 해이며 그 해에 목민심서를 발간한다. 그리고 18년 집필 활동하다가 1836년에 죽음을 맞이한다. 또한 신유옥사 때 18일간 옥사를 치렀으며 전남 강진에서 유배 시절에 총 18제자를 양성하였고 그 중 한 제자는 사위로 맞이하였다. 관직에서 활동 시에는 정조 왕과 18년간 우애를 지냈다.

　1818년의 400년 전에는 어떠한 일이 있을까?
　1418년은 세종대왕이 즉위한 해이다.
　세종대왕이 한글을 창제하였다면 한글로 가장 많은 책을 저술한 사람이 정약용이며 약 500여 권을 편찬했다. 지금 현재 한글날이 10월 9일인데 정약용이 해배된 날도 10월 9일이다(현재 기준으로 우연히 일치하는 것이고 음력과 한글날이 변동된 것을 고려하면 무의미함)

1418년의 500년 전은 어떠한 일이 있었을까?
918년은 왕건이 고려를 건국한 해이다.
그리고 18년 후인 936년에는 고려는 후삼국을 통일한다.

그리고 약 일천여 년 전은 어떠한 일이 있었을까?
BC 18년은 백제가 건국한 해이다.

사족으로 첨부하면 1918년 11월 11일은 세계 1차 대전 종전 선포한 날이다. 고려시대 이자겸이 내란을 일으키면서 이(李)씨가 왕이 된다는 도참설을 퍼트려 민중을 기만한 글자가 '十八字得國(십팔자득국)이다. 또한 알리바바를 세운 중국의 마윈이 자본금 1,600만원으로 사업을 시작할 때 창립 직원이 十八羅漢(십팔나한)으로 불리는 18명 이었다. 그리고 일부 언어학자는 성인의 최대 집중력이 18분이기 때문에 회의나 대화 등이 18분 이내로 끝내야 효과가 있다고 한다.

13. 108의 의미

불가에서 중생의 번뇌를 108가지로 분류한다. 인간의 고통 108가지는 다음과 같이 생겨났다. 우선 육근(六根)인 눈. 귀. 코. 혀. 피부. 뜻과 육진(六塵)인 색깔. 소리. 냄새. 맛. 감각. 법(法)이 서로 상호작용하여 번뇌가 생겨난다. 육근(六根)이 육진(六塵)과 상호작용할 때 각각 좋고(好), 나쁘고(惡), 좋지도 싫지도 않는 평등(平等) 상태가 일어나는데 이것이 3 X 6 = 18로서 18 번뇌(煩惱)가 생겨난다.

또한 이 좋고, 나쁘고, 좋지도 싫지도 않는 상태에 의거하여 즐겁고 기쁜 마음이 생기거나(樂受), 괴롭고 불편한 마음이 생기거나(苦受), 즐겁지도 괴롭지 않는 평온한(捨受)가 생기기도 한다. 이 三受(삼수)를 육근과 육진 관계에 생겨나는 육식(六識)에 곱하면 역시 18번뇌가 생겨난다. 이와 같은 36종의 번뇌에 과거, 현재, 미래의 3세를 곱하면 108이 되어 108번뇌가 생겨나는 것이다.

인간의 고통이 108가지라면 인간의 쾌락 중에 최고인 남녀 간의 사랑 체위는 몇 가지일까?

동양 최고의 성 의학서인 『소녀경(素女經)』에 의하면 방중술(房中術)의 법칙에서 사랑의 체위를 108가지로 분류한다. 따라서 인간의 고통도 108가지이지만 인간의 쾌락도 108가지이므로 어느 것을 많이 겪느냐는 각자의 몫이니 스스로 판단해 볼 일이다

또한 108은 야구공 실밥수가 108개 이며, 골프 홀수가 18홀이며 홀 컵지름도 108mm인 것이다. 또한 그리스신화에서 오딧세우스가 원정

을 끝낸 후 돌아와 그녀의 부인 페에로페에게 구혼한 자를 참살하게 되는데 그 숫자가 108명이다. 천일야화라고 불리는 아라비안나이트의 얘기도 180개의 주요 이야기와 108의 짧은 이야기로 구성되어 있다.

14. MT의 또 다른 의미

보통 MT하면은 Membership Training의 준말로써 단체의 구성원이 친목 도모와 화합을 위하여 함께 수련을 하는 모임이다. 그래서 10명 이상인 단체에서 생활 근거지에서 벗어나 교외로 가서 과거의 스트레스를 풀고 미래의 단합을 결속하는 기회로 여겨온 것이다. 그러나 시대가 변한 만큼 요즘의 MT는 다른 의미로 통용되고 있다. 이제는 단체로 멤버끼리 트레이닝하는 것이 아니라 단 둘이 연인끼리 사랑을 키우러 가게 되었다.

서울 종로에 위치한 파고다 공원에서 들리는 얘기.

할아버지가 박카스를 건네주는 할머니에게 '마트 갑시다.' 한다. 여기서 마트(Mart)는 모텔(Motel)을 일컫는 것이다.

그럼 이런 종류의 은어는 어떤 것이 있을까?

하이마트(High Mart) : 호텔(Hotel)
무인도 : 무인텔
할인마트 : 여관
알뜰마트 : 여인숙

이제 주위에서 들려오는 은어를 잘 파악해서 적절히 대응해야 될 때이다.

15. 당황(唐慌)과 황당(荒唐)

　당황과 황당의 차이가 뭐냐고 물으면 갑갑해진다.
　사전적 의미로 '당황은 놀라거나 다급하여 어찌할 바를 모름'이며, '황당은 말이나 행동이 허황하고 터무니없다'의 뜻이다. 그러므로 당황보다는 황당이 놀라운 정도가 높은 것 같다는 생각은 드나 언뜻 쉽게 이해가 되진 않는다. 그럼 사례를 통하여 이해하자.
　우선, 어떤 아가씨가 볼 일이 급하여 트럭 뒤에서 볼 일을 보고 있는데 갑자기 그 트럭이 앞으로 가면 당황이고, 그 트럭이 뒤로 오면 황당이 된다.
　두 번째로, 급하게 화장실에 가서 볼 일을 보는데 큰 변은 아니 나오고 방귀만 나오면 당황이요, 조용한 회의실에서 남모르게 살짝 방귀를 품으려 하는데 방귀는 아니 나오고 큰 변이 나오면 황당이 된다.
　세 번째로, 나이 오십이 넘어 운이 좋아 애인을 사귀고 있는데 둘이서 손잡고 마트(모텔)를 들어 설 때, 그 중 한 사람과 아는 사람이 마주치면 당황인데, 남자의 부인과 여자의 남편이 손잡고 나오는 것이 서로 마주치게 되면 황당이 된다.

16. 인연(因緣)과 연인(戀人)

　사람의 인연은 매우 소중하며 그 인연으로 인생의 성공 여부는 물론 행복의 여부를 가름한다. 누구는 스쳐가는 사람을 인연으로 만들고, 누구는 인연도 스쳐가는 사람으로 만든다. 누구는 있는 학연, 지연, 혈연도 살리지 못하고, 누구는 없는 학연, 혈연, 지연도 창조해 낸다. 이제 사람을 사귐에 있어 인연을 넘어 연인을 만들어 보자.
　모든 삶의 사건이나 만남은 우연에서 시작된다. 즉 처음 만나게 되는 순간은 신이 정해준 운명론이든 그냥 단순하게 일어나는 무신론적 입장이든 우연으로 시작된다. 그 우연이 몇 번 만나 지속되면 우리는 보통 '우리의 만남은 필연이었어'라고 한다. 이제 이 필연이 몇 번 자주 지속되면 서로가 도움을 주고받고, 우호적 관계가 되면 우리는 '우리의 만남은 인연이야'라고 한다. 그러나 반대로 서로 피해를 주고 차라리 만나지 말아야 되었을 거라고 하면서 '우리의 만남은 악연이야'라고 한다. 인연이 된 만남이 더 나아가서 발전하면 동성 간이든 이성 간이든 '우리는 이제 영원히 헤어질 수 없는 연인관계야'라고 굳게 다짐한다. 그러나 인연과 연인의 구별이 애매하다. 사전적 의미도 인연은 '서로의 연분, 어떤 사물에 관계되는 연줄'로 되어 있다. 그리고 연인은 '서로 사랑하는 남녀'로 되어 있다. 그러니 구별이 쉽지 않다. 또한 한자로 풀이를 하면 다음과 같다. 인연의 연(緣)자는 '연줄을 나타내는 실 사(糸)에 돼지 시(豕)를 묶어 항상 마주 계(彑)하도록 인연을 맺어준다.'이고, 연인의 연(戀)자는 '연줄인 실 사(糸)인 두 사람이 말로 이어져 마음이 통하면 사모하게 된다'이다. 이렇게 해도 도대체 이해가 쉽지 않다. 또한 불가에서는 하룻밤을 한 집에서 자는 경우를 3천겁, 하룻밤을 같이 자는 것을 6천겁, 부부가 되는 것이 7천겁이며 스승과 제자가 되는 경우가 1만겁이라 한다. 여기서 1겁이 천지가 한 번 개벽한 때부터 다음 개벽할 할 때까지이며, 또는 '둘레가 40 리 되는 바위 위에 백년마다 선녀가 내려와서 춤을 추는데 선녀의 얇은 옷으로 스쳐서 그 바위가 다 닳아 없어지는 기간'을 말하는데 도저히 이해가 되진 않는다. 그래서 쉽게 사례로 설명하겠습니다. '둘 다 옷깃을 나타내는 연분은 맞는데 인연은 소위 말하는 **겉옷**을 스치는 경우를 말하며, 연인은 **속옷**을 스치는 경우를 말합니다.' 참 쉽지 않습니까? 어떻든 사람과 사람이 만나 인연을 넘어 연인이 될 정도로 서로가 의지하며 살아갈 수 있는 사람이 많다면 얼마나 행복할까?

17. 봉사(奉仕)와 복상사(腹上死)

　제도 틀 내에서 부여할 수 있는 학위는 **학사, 석사** 그리고 **박사**로 한정되어 있다. 그러나 사회생활하면서 느끼는 점은 이러한 학위는 참고사항은 될지언정 그 학위가 인격이나 역할을 하는 것은 아니라는 사실이다. 체험적으로 느끼는 학위는 일단 박사 위에 '**밥사**'가 있다. 최근 드라마 '밥 잘 사주는 누나'가 있듯이 사회적 생활을 할 때 밥 잘 사주는 사람은 인기가 있고 사랑을 받는다. 한 단계 나아가면 '밥사' 위에 '**술사**'가 있다. 밥으로는 부족하니 한 단계를 뛰어넘어 술을 사는 친구들은 더욱 돋보인다. 그리고 '술사' 학위를 취득하게 되면 보통 '**감사**' 학위를 받게 되는데 밥과 술을 사면서도 늘 본인 스스로 감사하면서 살면 얼마나 아름다운 삶일까? 여기서 더 나아가 감사생활도 부족하여 봉사하면서 살면 소위 말하는 금상첨화 인생이 되는 것이다. 자기가 가진 육체와 재능 그리고 재물까지도 기꺼이 세상에 바치는 '**봉사**' 학위는 인간이 수여받을 수 있는 최고의 학위인 것이다. 이러한 '감사'와 '봉사' 학위를 받은 사람은 이승을 떠날 때 옥황상제(玉皇上帝)께서 최고의 훈장격인 학위를 수여한다. 바로 '**복상사(腹上死)**' 학위를 수여하는 것이다. 그런데 이 '복상사'의 학위는 다음과 같이 5종류가 있으며 이는 본인이 자유로이 선택할 수 있다.

　첫째는 **횡사(橫死)**이다. 어느 날 갑자기 나이트클럽에서 만나 한 눈에 반해 사랑을 나누다가 복상사하는 경우이다.

둘째는 **객사(客死)**이다. 길 지나가다가 맘에 들어 꼬드겨서 사랑을 하다가 복상사하는 경우이다.

셋째는 **과로사(過勞死)**이다. 혼자 외로이 사는 과부를 어여삐 여겨 잠시 봉사해주려다가 복상사하는 경우이다.

넷째는 **안락사(安樂死)**이다. 결혼의 권태기를 느낄 즈음에 첫사랑 감정을 느끼면서 만난 연인과 소위 말하는 내로남불(내가 하면 로맨스, 남이 하면 불륜)의 스릴을 느끼다가 절정 상태서 복상사하는 경우이다.

다섯째는 **순직(殉職)**이다. 금혼식(결혼 50주년)을 치룬 금슬(琴瑟) 좋은 부부가 아름다운 사랑을 나누다가 복상사하는 경우이다. 극히 불가능한 일로 어느 모 현충원에서는 이들을 모시려고 자리를 확보해 놓고 있다는 소문도 있다. 모두들 안락사만 욕심 내지 마시고 가정의 평화를 위해 순직할 수 있도록 노력해 보면 좋겠다.

18. 안타까운 사랑 4가지

　세상에서 가장 아름다운 말은 '어머니'라고 한다. 그 다음이 '사랑'이라는데 이 사랑도 마냥 아름다운 사랑만 있는 것이 아니다. 바로 안타까운 사랑도 있는데 다음과 같이 4종류가 있다.

　첫째는 '숙맥(菽麥)의 사랑'이다. 사랑에 빠져 콩과 보리도 구별 못할 정도로 미풍양속(美風良俗)에 어긋나거나 법률적으로 사랑해서는 안될 사람끼리 사랑하는 경우이다. 사랑할수록 사회적으로 지탄받으나 당사자는 그럴수록 사랑이 애틋해진다. 예를 들면 당 현종과 양귀비처럼 며느리를 애첩으로 취하거나 민법으로 금지된 8촌 이내의 사랑 등으로 그래서 당사자는 물론 보는 사람도 안타까울 뿐이다.

　둘째는 '운니(雲泥)의 사랑'이다. 서로 처한 처지가 구름과 진흙의 차이로 사랑의 하모니가 되지 않는 경우다. 학력이나 재력 등 환경이 너무 차이가 나서 둘이는 무관하게 받아들이나 가족 등 주위서 극구 말리는 경우다.

　셋째는 '고슴도치의 사랑'이다. 사랑하면 사랑할수록 더욱 가슴이 미여지는 경우다. 보통 일방적 희생으로 눈물이 날 정도로 가슴 뭉클하지만 제 3자 입장에서 보면 안타깝기 그지없는 사랑이다.

　넷째는 '박치의 사랑'이다. 함께 지낼 때에는 서로가 사랑인 줄 모르고 지내다가 멀리 헤어져 있을 때서야 그 때 그 감정이 사랑이었구나 깨

닿게 되는 사랑이다.

  그럼 이 중에서 어떤 사랑이 제일 안타까운 사랑일까요?

  바로 '박치의 사랑'이다. 나머지 세 종류 사랑도 안타깝지만 그래도 함께 있을 때 서로 진한 사랑을 했으니 남들이 안타까울 뿐이지만 당사자 둘은 사랑했으니 그래도 위로가 된다. 그러나 '박치의 사랑'은 늦게서야 '아! 그때 그 사람이 나에겐 사랑이었구나!' 하면서 못다 한 것에 대한 후회밖에 없는 것이다. 따라서 여러분도 지금 당장 옆에 있는 사람이 사랑이라고 느껴지면 사랑을 고백하자. 먼 훗날 후회하기 전에….

19. 문어, 낙지, 주꾸미, 오징어 다리는 몇 개?

"문어, 낙지, 주꾸미, 오징어 다리가 각각 몇 개입니까?"

그 동안 많은 사람과 술자리 하면서 이 질문에 제대로 답을 들은 경우가 없었다.

먼저 정답을 말하면 오징어만 10개이고 나머지 셋은 모두 8개이다.

그럼 왜 유사 어종인데 오징어만 10개일까?

오징어와 까마귀는 서로 상극인 존재이다.

그렇다면 "오징어가 까마귀를 잡아먹을까? 까마귀가 오징어를 잡아먹을까?"

이 또한 제대로 답을 못 들어봤다.

포항에서 울릉도로 까마귀가 날아갈 때에 굶주린 오징어는 기회를 놓치지 않고 죽은 듯이 물위에 떠있는 척한다. 이를 본 까마귀는 죽은 오징어를 잡으려고 급강하 하여 낚아채려는 순간에 오징어는 두 다리를 이용하여 까마귀를 포획하게 된다. 그러는 과정이 오래되어 오징어는 다리 두 개가 더 생겨나게 되었다. 또한 상대적으로 덩치가 큰 오징어는 교접을 위하여 서로 암수가 꼭 껴안기 때문에 두 다리가 더욱 발달하게 되었다.

한편으로 이 네 물고기중에 지능지수(IQ)가 제일 높은 물고기는 무엇일까?

바로 문어이다. 문어의 한자는 文魚(문어)로서 즉 글을 아는 고기다. 2006년도 독일 월드컵일 때 문어가 승리하는 나라를 맞추는 것도 실력이 뛰어난 나라의 국기를 찾아가기 때문이다.

20. 노래 가사 바꿔 부르기

　가끔은 노래 가사를 개사해서 불러보는 것도 재미있다. 학창시절 용돈은 없고 선배로부터 술 몇 사발 얻어 마시고 집으로 돌아와 미팅 한 번 제대로 못한 신세타령하면서 만든 노래이다.

1. 고향의 봄
나의 살던 고향은 꽃 피는 산골
복숭아 꽃 살구 꽃 아기 진달래
울긋불긋 꽃 대궐 차린 동네
그 속에서 놀던 때가 그립습니다.

꽃동네 새 동네 나의 옛 고향
파란 들 남쪽에서 바람이 불면
냇가에 수양버들 춤추는 동네
그 속에서 놀던 때가 그립습니다.

첫 사랑의 추억
까만 머리 까만 눈 우뚝 솟은 코
볼그레한 두 뺨에 나의 한 입술
몰캉몰캉한 유방에 짤록한 허리
그 밑에서 놀던 때가 그립습니다.

까만 얼굴 까만 귀 탁 트인 어깨

태산 같은 팔뚝에 포근한 가슴
울퉁불퉁한 복근에 치솟은 말뚝
그 걸 잡고 놀던 때가 그립습니다.

2. 판소리 '사철가'
이산 저산 꽃이 피니 분명코 봄이로구나!
봄은 찾아 왔건 만은 세상사 쓸쓸하더라.
나도 어제 청춘일러니 오늘 백발 한심하구나!
내 청춘도 날 버리고 속절없이 가버렸으니
왔다 갈 줄 아는 봄을 반겨한들 쓸데가 있나
 – 중략 –
세월아 가지마라 가는 세월 어쩔거나
늘어진 계수나무 끝에다 대량 매달아 놓고
국곡투식 하는 놈과 부모불효 하는 놈과
형제화목 못하는 놈
차례로 잡아다가 저 세상 먼저 보내버리고
나머지 벗님네들 서로 모여 앉아서
한 잔 더 먹소, 덜 먹게 하면서 거드렁거리며 놀아보세.

판소리 '여인가'
이년 저년 쫓다보니 오십 백발 한심구나!
새 여자가 찾아왔지만 사랑놀이 쓸쓸하구나!
십년 전 영자는 돈 떨어지니 도망갔고
일년 전 숙자는 정력 죽으니 숨어버렸네
왔다가는 여자를 사랑한들 무엇하냐.

– 중략 –

여자야 가지마라 가는 여자 잡아다가
앞마당 술상 옆에 곱게 차려 앉혀놓고
돈 갖고 장난친 년, 정력 갖고 희롱한 년
이중삼중 바람핀 년
차례로 술을 먹여 넋과 혼을 빼앗아 버리고
세상 친구네들 서로 모여 앉아
너 한번 나 한 번 권하면서 세상시름 털어버리세

21. 노래 가사 뜯어보기

1. 도라지 타령
도라지 도라지 백도라지
심심 산천에 백도라지
한 두 뿌리만 캐어도
대바구니 철철철 다 넘는다
에헤요 에헤요 에헤요
에야라 난다 지화자 좋다
얼씨구 좋구나 내 사랑아

해설
참으로 이해가 되지 않는 노래다. 얼마나 큰 도라지를 담았기에 고작 두뿌리를 담았는데 대바구니가 철철 넘치는지? 넘친다 하여도 그 두 뿌리 담아서 이렇게 에헤요 지화자 좋은지 분명 이해가 되지 않는다.
이제 이해를 돕기 위하여 도라지를 남자 거시기, 대바구니를 여자 거시기로 생각하면서 노래를 불러보자.
아! 이제야 확연히 이해가 된다.

거시기 거시기 하얀 거시기,
아무도 보이지 않는 꼭꼭 숨은 거시기를
한 두 개만 담아도 당연히 여자의 거시기가 넘쳐 나겠지요.
하나도 아니고 둘이니 얼마나 좋겠습니까!

에헤라 에헤라. 그래서 결국은 노래 주제가 도라지가 아니라 남녀의 사랑이라고 고백하네요. "얼씨구 좋구나! 내 사랑아!"

2. '고추 먹고 맴맴' 노래

아버지는 나귀 타고 장에 가시고
할머니는 건너 마을 아저씨 댁에
고추 먹고 맴맴 달래 먹고 맴맴

해설
우리나라 어린이들이 부르는 동요치고는 선뜻 이해하기 힘든 부분이 여러 곳에 나타난다. 왜 우리나라에 흔한 소나 말을 타지 않고 우선 보기도 힘든 나귀를 탔을까? 그렇다하더라도 장보러 가면 나귀에 짐을 싣고 가야지 왜 애도 아닌 어른인 아버지가 직접 타고 갔을까? 이는 분명 어머니인 할머니께 장 보러 간다는 핑계로 여인을 만나러 간 것이다. 또한 할머니도 이 틈을 이용하여 평소 보고 싶던 건너 마을에 있는 할아버지를 만나러 간 것이다.
그래서 할머니는 남자의 거시기인 매운 고추를 먹고 맴맴 한 것이다. 한편으로 아버지는 달래를 먹고 맴맴 한 것이면 여기서 달래가 문제인데 들이나 산에서 자라는 '달래'라면 이해가 되지 않는다. 옛 적에는 달래는 재배가 되지 않고 야생에서 수확하여 연중 내내 먹는 음식이 아니었으며 맴맴 돌 정도의 매운 맛도 아닌 음식이다.
그럼 어떤 해석이 가능할까?
분명 충주 '달래 강' 유래인 그 '달래'인 것이다. 따라서 '달래'는 장날에 만나기로 한 여인이며 그 여인과 정열적인 사랑을 나누고 나니 정신이 맴맴 돌 정도라는 것이다.

☞ 달래강의 유래

충북 충주에 있는 달래 강은 '상상 속의 오누이 근친상간'으로 간주되어 더욱 가슴 아프다. 옛날 조실부모하고 사이좋은 오누이가 살고 있었다. 그날도 오누이는 들일을 끝내고 집으로 돌아오는 중에 소나기를 만났는데 누이가 입은 얇은 옷이 비에 젖자 몸에 찰 싹 달라붙었다. 산촌에서 여인의 모습을 거의 본 적이 없는 남동생은 누이의 아름다운 자태를 보고 본능적으로 욕정을 느끼게 되었다. 동생은 누나에 대한 욕정을 저주하고 도저히 인간으로서 못할 짓을 했다고 느끼게 되자 바위에 올라가 남근을 꺼내 돌로 찍어 죽고 말았다. 앞서가던 누이가 돌아와서 보니 남동생이 남근을 자른 채 피를 흘리며 죽어 있었다. 전후 사정을 알게 된 누이는 강가에 무덤을 만들어 주면서 "달래나 보지, 달래나 보지"하고 울었다하며, 그 후부터 이 강을 '달래강'이라 부르게 되었다고 한다.

22. 연산군과 무갑기을(戊甲己乙)

조선의 왕 중에서 모든 선비에게 무조건 갑질을 하고 기생(妓生)들에게 을질을 한 왕은 누구입니까?

조선 왕조 27명의 왕에 대한 평가는 제각각일 수 있다. 보는 관점에 따라서, 시간의 흐름에 따라서 재평가 될 수 있기 때문이다. 그러나 확실한 것도 있다. 조선의 왕 중에 모든 사람에게는 갑질을 일삼으면서 다만 여자 특히 기생에게만 을을 자처하면서 쩔쩔 맨 왕은 누구일까? 그래서 그 이후 모든 선비가 왕을 본받아 애첩을 하나씩 두게 되는 기생전성시대를 만든 왕은 누구입니까?

바로 제 10대의 왕 연산군(재위 1494~1506)이다. 어머니는 후궁이었다가 성종의 총애를 받아 왕비가 된 윤씨이며 바로 성종의 맏아들(적장자)로 태어났다. 조선시대에 선비들이 떼죽음을 당한 것을 사화(士禍)라고 하는데 바로 연산군이 두 번의 사화를 일으켜 선비들이 국정보다는 기생 또는 애첩(愛妾)을 거느리고 유유자적하는 분위기를 조성하게 하였다.

김종직이 작성한 조의제문 사건으로 선비들을 **무조건 오금을 떨게 한 무오사화**(戊午史禍, 연산군4, 1498년)와 자기 생모인 윤 씨가 폐위되고 사사된 지 20여 년이 지나 수백 명의 선비를 **갑작스럽고 자지러지게 만든 갑자사화**(甲子士禍, 연산군10, 1504년)를 일으켰다.

훈구세력으로 왕에 오른 중종은 나름대로 열심히 해보려고 조광조를 기용하여 향약 실시, 현량과 설치 등으로 이상 정치 실현을 꿈꾸었으나 주초위왕(走肖爲王:趙씨가 王이 된다)이라는 헛소문으로 참신한 선비들을 **기이하고도 묘하게 몰살한 기묘사화**(己卯士禍, 중종14, 1519년)를 겪게 되었다.

명종이 즉위하자 윤원형 일파 소윤이 윤임 일파 대윤을 숙청시키는 외척끼리 싸우는 **을씨년스럽고 사사롭기 그지없는 을사사화**(乙巳士禍, 명종 원년, 1545년)로 윤씨 집안이 자폭하게 되었다.

23. 조선의 선비와 기생

　연산군(1476~1506, 재위: 1494~1506)은 7세 때 세자로 책봉 받고 서연(書筵)을 통해 세자 수업을 착실히 잘 받아 학문적인 소양은 부족함이 없었다. 그러나 후궁에서 왕비가 된 어머니가 다른 후궁들의 모함으로 사사되었다고 생각하여 그들을 죽여 산야에 버리고, 조모 인수대비를 구타하여 죽게 만들면서 세상의 모든 여자를 증오하게 되었다. 그런데 그 때 연산군을 한 눈에 사로잡은 여인이 있었으니 그가 바로 장녹수였다. 장녹수에 푹 빠진 연산군은 채홍사(採紅使)라는 관리를 두어 아름다운 처녀를 뽑게 했는데 그 숫자가 무려 만 명에 가깝다고 했다. 이렇게 뽑힌 흥청(興淸)이라는 여자들과 노닐다가 중종반정으로 폐위되자 백성들은 흥청으로 망했다 하여 흥청망청이 유래하게 되었다.

　이런 흥청망청한 왕을 본 선비들, 충언을 하면은 사화를 당하는 시대에 이제 살 길은 본인들도 기생과 유유자적 세월을 보내는 것이라고 생각하였다. 따라서 우리가 알고 있는 조선의 기생하면 거의 이 시대에 해당된다. 물론 기생보다는 애첩에 가까운 사람도 있지만 통상 기생으로 간주하겠습니다. 대표적인 선비와 기생은 다음과 같은데 서경덕(1489~1546)과 황진이(?~?), 이황(1501~1570)과 두향(1530~?), 이이(1536~1584)와 유지(1563~?), 정철(1536~1593)과 진옥(?~?), 최경창(1539~1583)과 홍랑(?~?), 유희경(1545~1636)과 이매창(1573~1610), 임제(1549~1587)와 한우(?~?)로써 서경덕과 황진이 사랑은 별도로 얘기하고 다른 사랑 얘기는 아래와 같다. 물론 여기 소개한 기생들은 기생 중 으뜸인 도기생(都妓生)임은 말할 필요가 없다.

1) 이황(1501~1570)과 두향(1530~?)

48세 선비와 18세 기생이 9개월 간 나눈 매화 사랑!!!

두향이 거문고도 잘 타고 시를 잘 짓는 재주도 있었지만 특히 어머니로부터 배운 양매(養梅)에 뛰어났고, 이황 또한 꽃 중에는 매화를 최고로 좋아했다. 이황이 매화를 좋아하는 것을 안 두향이 어느 날 자기가 애지중지하던 청매화분 하나를 이황에게 선물한다. 이황은 처소에 이 청매화를 심어두고 즐겨 구경하면서 두향이와 매화를 하나로 생각하면서 시를 읊는다.

홀로 산창에 기대니 밤기운 차가운데
매화나무 가지 끝에 둥근 달 걸렸구나.
구태여 소슬바람 다시 불러 무엇하리
맑은 향기 저절로 뜰에 가득하네.

그래서 둘은 매화를 소재로 많은 얘기를 나누었고 강선대 등에서 거문고를 타고 시를 읊으며 노닐었다. 그러다 이황이 갑작스런 풍기 군수로 발령이 나자 9개월 만에 이별하게 되고 그 이후로 만나보지 못하는 안타까운 시간이 흐른다.

1570년 이황이 두향을 생각하면서 "매화에 물을 주라"를 마지막으로 죽자 두향은 이듬해 봄에 거문고와 서책을 모두 불태운 뒤 스스로 목숨을 끊는다. 200여 년이 지나 시인 이광려가 두향의 무덤을 찾아 시를 읊었고, 또한 단양군 단성면에서 매년 두향제가 열리고 있으니 두향의 삶도 헛되지는 않은 느낌이다.

2) 이이(1536~1584)와 유지(1563~?)

27세를 초월한 인간적이고 정신적 사랑!!!

39세에 황해도 관찰사로 임명 받고 관아에 도착한 이이.

12세로 어리지만 예쁘고 총명한 아이인 유지.

유지는 어릴 적에 부모를 잃고 기적(妓籍)에 오른 사연을 들려주고 이이는 이런 유지를 칭찬과 격려의 말로 따뜻하게 대해주니 둘은 인간적이고 정신적인 사랑을 나누었다.

관찰사 임기가 끝나면서 헤어지고 9년 후 명나라 사신으로 가면서 잠깐 만나고, 이이가 별세하기 3개월 전에 만나는 등 오랜 시간을 같이 한 것은 아니지만 정신적 교류는 각별했다. 그래서 이이는 병이 들어 기력이 없는 상태에서 유지와 밤새도록 진심을 나누면서 둘은 순수하고 깨끗한 관계임을 시로 남겨 사후 세인들의 입방정에 오를까 경계하였다. 육체적 관계보다는 인정과 예의로 나눈 정신적 사랑을 고백한 '유지가'는 다음과 같다.

아아! 황해도에 사람 하나
맑은 기운 모아 선녀 자질 타고 났네
생각이며 자태 곱기도 해라
얼굴이랑 말소리도 맑구나

문을 닫는 건 인정 없는 일
같이 눕는 건 옳지 않는 일
가로막힌 병풍이야 걷어치워도
자리도 달리 이불도 달리

동창이 밝도록 잠 못 이루다
갈라서자니 가슴엔 한만 가득
하늘엔 바람불고 바다엔 물결치고
노래 한 곡조 슬프기만 하구나

3) 정철(1536~1593)과 진옥(?~?)

유배지에서 나눈 해학적인 시(詩) 사랑!!!

1591년 세자 책봉 문제로 선조 임금의 노여움과 신하들의 시기와 질투로 함경도 강계에서 유배생활을 하던 정철(鄭鐵)

술을 좋아하는 정철을 위하여 화용월태의 모습으로 술상을 들고 사뿐사뿐 방에 들어서는 시와 가무에 능한 진옥(眞玉)

둘은 술상을 마주하자마자 정철이 먼저 낭송하고 진옥이 시로써 화답을 한다.

옥(玉)이 옥이라커늘 번옥(燔玉)으로만 여겼더니
이제야 보아하니 진옥(眞玉)일시 적실하다
나에게 살 송곳 있으니 뚫어볼까 하노라.

철(鐵)이 철이라커늘 섭철(鍱鐵)로만 여겼더니
이제야 보아하니 정철(正鐵)일시 분명하다
나에게 골풀무 있으니 녹여볼까 하노라.

관동별곡, 사미인곡, 속미인곡으로 당대의 가사문학의 대가 송철에게 진옥의 즉석 화답은 탄복 그 자체였다. 이런 해학적 시로 서로가 통하자 둘은 깊은 애정과 존경을 나누었다. 그러나 다음 해 1592년 임진왜란이 일어나자 정철은 해배(解配)되어 둘은 헤어지게 되고 다음해에 정철이 생을 마감하자 둘의 사랑은 너무나 짧게 끝나고 말았다.

4) 최경창(1539~1583)과 홍랑(?~?)

6개월 연애에 10년 시묘살이의 애뜻한 사랑!!!

조선 8문장가의 하나로써 천재 시인 최경창은 34세에 함경도 북평사로 부임하면서 홍랑과 인연을 맺는다. 최경창의 부임 축하연에서 만난 어느 관기(官妓)가 시를 읊는데 다 듣고는 내심 놀라면서 "시를 좋아하는지? 좋아하면 누구의 시를 좋아하는지?"라고 물었다. 이에 주저 없이 "제가 읊은 시는 최경창의 시이고 나는 그 분의 시를 제일 좋아한다"고 하지 않는가. 이에 "내가 바로 그 최경창이다. 나의 시를 좋아하는 사람을 이렇게 만나다니…" 이로써 둘은 급격히 가깝게 지내게 되었고 두 사람의 사랑도 뜨거워졌다. 그러나 이러한 행복한 시간도 잠시. 최경창은 부임한 지 6개월 만에 한양으로 돌아가게 된 것이다. 최경창을 한양으로 보내고 돌아오는 길에 다음의 시를 지어 묏버들과 함께 최경창에게 보냈다.

묏버들 가려 꺾어 보내노라 임에게
주무시는 창 밖에 심어두고 보소서
밤비에 새잎 나거든 나인가 여기소서.

1583년 45세에 최경창이 세상을 떠나자 홍랑은 바로 무덤 옆에서 시묘살이에 들어갔고 임진왜란이 발발하여 어쩔 수 없이 그만두기까지 무려 10년이나 되었다. 전쟁이 일어나자 최경창의 유품과 작품 등을 해주 최씨의 문중에 전달하고 홍랑은 최경창의 무덤 아래서 생을 마감하였다. 이에 해주최씨 문중에서는 최경창 부부의 합장묘 밑에 홍랑의 무덤을 만들어 주었고 지금까지도 그녀를 가문의 일원으로 받아들여 제사를 지내주고 있다.

5) 유희경(1545~1636)과 이매창(1573~1610)

천민 출신 당상관 시인과 기생 출신 여류 시인의 사랑!!!

매창과 유희경이 처음 만난 것은 1591년 유희경의 나이 47세, 매창은 19세였다. 유희경은 한양에서 태어났으며 천민 출신이다. 그러나 임진왜란 때 의병으로 나가 큰 공을 세워서 선조 임금으로부터 포상과 교지를 받으면서 양인이 되었다. 매창은 천대받는 기생 출신이었지만 천성이 고결하고 성품이 고왔다. 특히 거문고와 시를 좋아했으며 죽을 때 "나는 거문고와 시가 정말 좋아요. 내가 죽으면 거문고를 함께 묻어 주세요."라고 유언을 남길 정도였다. 임진왜란이 일어나 유희경이 한양으로 가야 했기 때문에 이별하기 싫은 마음을 담은 매창의 시가 절절하다.

이화우(梨花雨) 흩뿌릴 때 울며 잡고 이별한 님
추풍낙엽(秋風落葉)에 임도 날 생각하는가
천 리에 외로운 꿈만 오락가락 하노라

매창을 사랑한 사람이 또 있었으니 바로 『홍길동전』의 작가 허균(1569~1618)이다. 그러나 허균은 매창이가 유희경을 사랑하고 있다는 것을 알고 있었기에 서로 선을 넘지는 않았다고 하는데 남녀관계는 알 수 없는 것이다. 허균과 매창의 첫 만남은 유희경보다 10년 후인 1601년 허균이 33세, 매창의 나이 29세였다. 9년 후인 1610년에 매창이 38세 나이로 쓸쓸히 죽으니 허망할 정도로 짧은 사랑이었다.

6) 임제(1549~1587)와 한우(?~?)

요절이 아쉽지 않는 풍운아와 차가운 비 한우(寒雨)의 사랑!!!

조선의 풍운아 백호 임제는 벼슬엔 뜻이 없고 한우, 일지매 등 많은 여인들과 염문과 사랑을 뿌리고 다닌 선비였다. 평양 기생 한우(寒雨)를 만나 아래의 멋진 시로 추파를 던지니 한우는 더 멋진 시로 화답한다.

북천(北川)이 맑다커늘 우장(雨裝)없이 길을 나니
산에는 눈이 오고 들에는 찬비로다
오늘은 찬비 맞았으니 얼어잘까 하노라

어이 얼어자리 무슨 일로 얼어자리
원앙침 비취금을 두고 어디 두고 얼어자리
오늘은 찬비 맞았으니 녹아잘까 하노라

한량 임제는 서북 도병마평사로 부임해 지나가는 길에 황진이의 무덤을 찾아 이승에서의 만나지 못함을 아쉬워하면서 무덤 앞에 술잔을 올리고 시를 읊는다. 이 얼마나 멋있는 여유인가.

청초(靑草) 우거진 고을에 자는가 누웠는가
홍안(紅顔)을 어디 두고 백골(白骨)만 묻혔는가
잔(盞)들어 권할 이 없으니 그를 슬퍼하노라

임제는 기생 무덤에 술을 따르고 곡을 하였다는 사유로 반대파들에 의하여 관직을 박탈당하였고, 이에 전국을 유랑생활 하다가 39세에 세상을 떠나면서 자녀들에게 다음과 같은 유언을 남겼다.

"너희들은 조금도 슬퍼하지 마라. 내가 죽거든 곡도 하지 마라"

24. 황진이와 남자들

황진이는 어린 시절 앞집 총각이 본인을 짝사랑하다 병이 들어 죽게 되자 죄 아닌 죄책감으로 서둘러 기생 생활을 시작하게 되었다. 황진이가 중국의 4대 미인인 침어(沈魚) 서시, 낙안(落雁) 왕소군, 폐월(閉月) 초선, 수화(羞花) 양귀비보다 뛰어난 것은 미모는 기본이요, 시와 서예, 그림, 거문고, 춤, 노래 등 다방면에서 정통하고 능했기 때문이다. 또한 자존심을 건드린 벽계수를 유혹하여 육체적 사랑을 나누었고, 천마산에서 30년 동안 면벽 수도를 하고 있던 생불(生佛) 지족선사(知足禪師)를 파계시켰으며, 유혹했으나 끝까지 범치 못한 서경덕과는 사제지간으로 남아 정신적 사랑을 나누었다. 더욱이 본인이 죽자 먼 훗날 지나가던 선비 임제를 본인의 무덤에서 시를 짓고 통곡을 하게 할 정도로 이름을 날렸다.

어느 날 왕실의 종친인 벽계수(碧溪水)가 스스로 지조를 지켜왔다 하면서 말하기를 "사람들이 한 번 황진이를 보면 유혹에 빠져버린다. 그러나 나는 어떠한 일이 있어도 유혹되지 않을 뿐만 아니라 반드시 쫓아버릴 것이다"라고 말하였다. 이 말을 듣고 자존심 상한 황진이가 벽계수를 유인해 와서는 시조 한 수로 무너뜨린다.

청산리 벽계수야 수이 감을 자랑마라
일도창해하면 다시 오기 어려우니
명월이 만공산하니 쉬어 간들 어떠리.

지족선사(知足禪師)는 '살아있는 부처다'라고 소문날 만큼 속세에 초월하며 지내고 있었는데 천하의 남자들이 황진이를 품지 못해 안달하는 모습을 보고는 "우매한 중생 남자들! 그저 더러운 수컷짐승이로다. 나는 황진이가 벌거벗은 알몸으로 유혹해도 넘어가지 않는다." 하였다. 황진이는 소향이라는 미망인으로 가장하여 지족선사를 유혹하기 시작하였다. 수일 후 선사는 참지 못하고 소향을 찾아가 사랑을 고백하고 옷을 벗고 달려들었다. 소향은 "스님, 오늘 밤은 제 남편의 49제 마지막 날이오니 내일 밤 제 침소로 오시면 사랑을 받아들이겠습니다."하였다. 다음 날 선사가 소향이의 침소로 가보니 여인은 없고 여인의 팬티만 덩그러니 남아 있었다. 그 후 개성에서는 웬 벌거숭이 중이 미친 듯이 "소향이, 소향이"하면서 헤매고 돌아다녔다.

서경덕(1489~1546)은 조광조에 의해 채택된 현량과(賢良科)에 추천을 받았으나 사양하고 개성 화담(花潭)에서 연구와 교육에 힘썼다. 황진이는 남자들이 자기를 유혹할 때면 "점일이구(點一二口) 우두불출(牛頭不出)의 뜻을 알면 허락하겠소."하였다. 아무도 맞추지 못하였나 서경덕만이 정답 "허(許)"를 말하였음에도 불구하고 도리어 황진이가 유혹해도 넘어오지 않으니 황진이는 서경덕의 학문의 깊이와 인품에 더욱 감화되었다. 결국은 연인으로서 육체적 사랑은 접고 사제지간으로 연을 맺고 정신적 사랑을 하게 된다.

황진이가 서경덕을 유혹하기 위하여 지은 시

동짓달 기나긴 밤을 한 허리를 베어내어
춘풍 이불 아래 서리서리 넣었다가
어른님 오시는 밤이면 굽이굽이 펴리라

겉으로는 넘어가지는 않았지만 황진이를 생각하면서 다음의 시를 지은 것을 보면 서경덕이도 황진이를 연모하고 있었던 것은 사실이다.

마음이 어린 후니 하는 일이 다 어리다
만중운산(萬重雲山)에 어느 임 오리 마는
지는 잎 부는 바람에 행여 그인가 하노라

황진이가 죽은 후에도 고인의 아름다움을 그리워하며 추모하는 선비들도 많았다. 백호 임제는 황진이의 무덤을 지나다가 그가 이승에 없음을 한탄하면서 시를 읊고 지나간다. 죽어서도 이런 멋진 시를 받는 황진이의 심정은 어떨까? 분명 중국의 어떤 미인보다 위대한 여인이다.

중국 4대 미인

양귀비가 나라를 어지럽게 하자 당나라 학자들이 나라를 뒤집을 만큼 아름다운 절세미인인 경국지색(傾國之色)이라는 말을 하면서 역대에 이에 해당되는 미인을 찾아보았다. 이들 중 특히 중국의 4대 미인으로 월나라 침어(沈魚) 서시, 한나라 낙안(落雁) 왕소군과 폐월(閉月) 초선, 당나라 수화(羞花) 양귀비를 중국의 4대 미인으로 뽑았다.

서시(西施)의 별칭은 침어(沈魚)이다. 그녀의 아름다움에 반해 물고기가 헤엄치는 것을 잊고 물밑으로 가라앉는다.

월나라 서시는 기원전 5세기 미인으로서 월왕 구천이 오왕 부차와의 전쟁에서 패배하자 명신 범려의 전략에 따라 공물로 오나라에 보내져 부차의 여인이 된다. 서시는 전략대로 부차와 참모 오자서를 이간질시켜 오자서를 죽게 하고 결국 월나라가 오나라를 패망케 하는데 큰 공을 세운다. 이에 여인에 빠져 나라를 빼앗긴 부차도 자결한다.

  왕소군(王昭君)의 별칭은 낙안(落雁)이다. 왕소군이 타는 거문고 소리를 듣고 날아가던 기러기가 미모에 반해 날개 짓을 멈춰 떨어진다.
  한나라 낙안(落雁) 왕소군은 기원전 1세기 절세미인으로서 원제의 후궁으로 입궁한다. 후궁 중 제일 빼어난 미모이지만 황제의 부름을 받지 못한다. 이것은 당시 화공들이 얼굴을 그려 황제에게 바쳤는데 뇌물을 주지 않는 왕소군을 추하게 그렸기 때문이다. 그런데 당시 한나라는 흉노와 화친하기 위하여 미녀를 흉노에게 바쳐야 했는데 이때 왕소군이 선택되었다. 이때 왕소군을 본 한나라 원제가 사건의 전말을 알게 되었고 그 때 초상화를 그린 화공을 처형했다.

이런 왕소군을 보고 당나라 시인 동방규(東方叫)가 읊은 시

  胡地無花草(호지무화초)
  오랑캐 땅에는 꽃과 풀이 없으니
  春來不似春(춘래불사춘)
  봄이 와도 봄 같지가 않구나!

  초선(貂蟬)의 별칭은 폐월(閉月)이다. 초선의 아름다움에 보름달도 부끄러워 구름 뒤로 숨는다.
  한나라 초선은 왕윤의 수양딸로 여포의 애첩인 초선이 여포와 동탁을 이간질시켜 동탁을 죽이고 관우가 조조에게 항복했을 때 조조는 관우의 환심을 사기 위하여 초선을 선물했다.

양귀비(楊貴妃)의 별칭은 수화(羞花)이다. 그녀의 아름다움에 꽃도 부끄러워 고개를 숙인다.

당나라 양귀비(719~756)는 원래 당 현종의 며느리였으나 절세의 미인이라 현종이 후궁으로 간택하였다. 당 현종은 안녹산을 아들처럼 총애했고 양귀비는 안녹산을 양자로 입양했다. 안녹산이 난을 일으키자 안녹산과 양귀비의 불륜관계가 소문이 나고 양귀비는 결국 자결로 생을 마감하였다. 그녀가 자살하자 현종 역시 슬픔을 이기지 못하고 병으로 앓다가 죽게 된다.

25. 수험생의 영원한 고민

　자기 방에 '떨어져서 울지 말고 웃으면서 포기하자'를 써 놓은 수험생에게 학창 시절은 매일 매일이 지옥이었다. 매번 시험 때마다 꼴찌를 맡아 놓고 할 정도로 성적이 모든 과목에서 최저점이었다. 그러나 어느 시험에서 모든 과목이 50점 안팎이었는데 유독 체육과목에서 65점을 받게 되었다. 이를 본 아빠가 "한 과목에 너무 집중하는 것 아니니?" 했다. 이 학생이 암울한 현실과 진학할 학교 선택 등 깜깜한 장래의 부담감을 이기지 못하고 그만 극단의 선택을 해버렸다. 저승의 심판대에 올라선 학생에게 염라대왕이 물었다.
　"넌 너무 일찍 왔고 그래도 이승에서 착한 효자였으니 선택권을 주겠다. 천당으로 갈래? 지옥으로 갈래?"
　잠시 주저하던 학생이 물었다.
　"대왕님! 어디가 미달인데요?"

26. 고추 농사

　경상도 외딴 산골에서 고추 농사를 짓는 부녀가 살고 있었다. 한 해 고추 농사가 잘 되어야 시집을 보낼 수 있는 데 최근 몇 년 동안 고추 농사는 형편없었다. 그러나 옆집 과부의 고추밭에 고추들은 크고 굵고 붉어 아주 농사가 잘 된 것을 보았다. 그래서 과부가 어떻게 농사짓나 훔쳐보기로 하였다. 다음 날 저녁이 되자 과부가 목욕재계하더니 소복을 입고 고추밭으로 가는 것이었다. 도착하자마자 과부가 고추를 만지고, 빨기도 하면서 지나가는 것이었다. 농부가 다가가 보니 과부가 지나 간 고추들은 분명 그 이전의 고추보다 3~4배는 커져 있었다. 다음 날 딸을 부른 아버지가 어제 직접 본 얘기를 하면서 "네가 시집을 가려면 고추 농사가 잘 되어야 하는데 너도 그렇게 해 줄 수 있겠니?" 하였다. 아버지의 말이 부탁이지 거의 애원이었고 딸도 시집가려면 당연히 해야했다. 그날 밤 처녀는 목욕재계하고 소복을 입고 온 밭을 과부처럼 다니면서 만지고 빤 후에 돌아왔다. 다음 날 큰 기대를 걸고 고추밭에 간 농부는 너무나 놀라 기절해 버렸다. 밭 전체의 모든 고추들이 터져 있었다. 알고 보니 고추들이 과부인 할머니가 만질 때는 적당히 커져서 팔기에 좋았으나 처녀가 만질 때는 너무나 흥분되어 터져 버린 것이었다. 그러나 삼년이 지나니 고추들도 처녀에 적응도 되고 면역력도 키워져서 고추가 크고 굵고 아주 잘 되었다.

　이제 고추를 팔러 장터로 가기 위하여 고추 부대를 들고 버스를 탔다. 버스는 이미 만원이라 어쩔 수 없이 고추 부대를 의자에 앉은 처녀 앞에 두게 되었다. 농부 왈 "처자! 다리 좀 벌려 봐, 고추 넣게" 당황한 처녀가 다리를 벌렸다. 잠시 후 버스가 급정거하여 고추 부대가 넘어졌다. 농부 왈, "처자, 고추 좀 세워줘", 그리고 자세히 보니 고추 하나가 부대에서 빠져 나와 있었다. "처자, 고추가 빠졌네, 다시 넣어줘"

드디어 시장에 도착해서 고추를 파는데 고추는 좋지만 역시 남자라서 팔리는 게 신통치 않았다. 이때 마침 시장에 온 제수씨가 팔 걷고 나섰다. "우리 시숙 고추 사세요. 아주 크고 굵고 좋아요", "우리 시숙 고추 사세요, 제가 직접 먹어 봤는데 단단해서 아주 맛있어요." 금방 다 팔려 버렸다.

27. 생각보다는 행동

　1950년 대, 어느 젊은이가 경기도서 부산으로 사업하러 가는데 종자돈이 부족했다. 돈을 아끼면서 걷는데 금강이 나타났다. 뱃삯을 아끼려고 숨어서 궁리를 해 보았으나 뚜렷한 방법이 없었다. 할 수 없이 무작정 배를 타고는 "죄송합니다, 돈이 없는데"하니 "젊은 놈이 공짜를 밝혀서는… 쯧쯧쯧"하고는 뺨을 두 대를 때리고는 태워주는 것이 아닌가. "아! 뺨 두 대면 되는 것을 2시간 기다린 시간이 너무 아깝구나!"하면서 앞으로는 이런 실수를 다시는 하지 않기로 다짐하였다. 즉 무슨 일이든 생각하면 즉시 실행하기로 하였다.

　며칠을 걷고 나니 이번에는 낙동강 나루터에 도착하였다. 지난 날의 교훈을 삼아 이번에는 무조건 배에 올라탔다. 그리고 출발하는데 알고 보니 손님은 아무도 없고 처녀뱃사공만 있었다. 이에 총각은 또 다시 지난 일을 떠오르면서 생각나는 대로 사공을 덮쳐 욕정을 풀었다. 잠시 후 "사유야 어떻든 죄송합니다. 그래도 지금까지 살면서 배 위에서 배 타 본 적은 처음입니다"라고 머쓱해 하면서 말했다. 그러자 처녀 뱃사공 왈 "처음에는 당황했지만, 저도 지금까지 살면서 물 위에서 물 받아 본 적은 처음이예요." 아! 세상만사 이렇구나! 이때부터 그 총각은 무슨 일이든 장애물이 가로막으면 불도저처럼 무조건 뚫고 전진하여 크게 성공한 사업가가 되었다.

28. Oh! My God!

Oh! my God!
 직장 생활을 하다보면 처음 만난 고객과 장거리를 운전하여 출장 가는 경우가 있다. 경험에 따르면 이럴 때에 승차하자마자 어색한 분위기를 깨뜨리지 않으면 목적지 도착할 때까지 어정쩡한 관계가 계속 된다.
 바로 이런 Ice Breaking 사례를 소개해 본다.

첫째 이야기
 고객님!
 제대로 크게 한 판 싸운 부부가 고속도로를 운전하며 가고 있었는데, 운전 중에 갑자기 똥개 한 마리가 앞을 가로질러 가고 있었습니다.
 이 때 남편이 부인에게 한 펀치 날리려고 말을 걸었습니다.
 "여보, 저기 당신 친척 지나가네, 인사해야죠?
 고객님!
 부인이 뭐라고 했는지 아세요?
 고객: 글쎄요~~~~
 부인이 하는 말이 "시 아주버님, 조심하셔야지요. 안녕히 가세요."
 고객: 호호호~~~

둘째 이야기
 고객님!
 지금처럼 한적한 고속도로에서 추월선으로 최고속도 110Km를 달리고 있는 데 순찰차가 다가와서는 도로교통법 위반했다고 합니다. 도로

가 혼잡하지 않으면 가능한 추월선은 비켜두어야 한답니다. 속도를 초과해서라도 갈 수 있는 응급차량을 위해서 주행선을 달리는 것이 교통예절이라고 합니다. 그래서 운전자가 경찰관에게 따졌답니다. 긴급차량은 갓길로 가면 되는 것 아닙니까?
　고객님!
　그러자 경찰관이 뭐라고 했는지 아십니까?
　고객: 글쎄요~~~ 가도 될 것 같은데!
　갓길은 인간이 갈 수 없고 신(God)만이 갈 수 있다고 도로교통법에 규정되어 있다고 했답니다.
　고객: 하하하~~~정말요.

셋째 이야기
　한우와 미국산 소고기 가격차이가 너무 심한데 제대로 구별을 하고 먹어야겠습니다.
　고객님!
　한우와 소고기를 구별할 줄 아십니까?
　고객: 글쎄요~~~주인이 얘기하는 걸로 알죠.
　어떤 사람은 육질을 보고, 또 어떤 사람은 맛을 보고 구별한답니다.
　저는 저만이 아는 독특한 방법이 있는데 바로 소리를 듣고 구별합니다.
　고객: 와! 재미있네요, 어떻게 알지요?
　고기를 구울 때에 소리를 잘 들어 보세요
　한우는 "음매 음매"하고요, 미국산은 "Oh! my God!, Oh! my God!" 합니다.
　고객: 그럼 돼지고기도 구별합니까?
　예, 돼지고기도 소리를 듣고 알지요.

국내산 돼지고기는 "꿀 꿀 꿀"하고요, 미국산은 "Oh! my God!, Oh! my God!"합니다.

여기서 한글의 우수성이 나타납니다.

영어는 어휘가 빈약하여 소, 돼지가 모두 하나의 소리로 들리지만 우리 한글은 의성어가 풍부하여 소와 돼지가 구별되는 것입니다.

이렇게 자연스럽게 고속도로 유머로 시작해서 음식, 언어로 이야기를 나누면서 가면은 금세 목적지에 도착합니다.

서울과 부산까지 가장 빨리 가는 방법은 사랑스런 연인과 함께 갈 때랍니다. 처음 만난 고객이지만 어차피 같이 가야한다면 재미있는 유머로 웃으면서 가보기를 바랍니다.

29. 유머로 자기 소개하기

　지점장이 되고 가장 큰 변화는 명함을 드리면 특히 중년의 여성분들이 킥킥 웃습니다. "왜 웃지요?" 하면 중년의 여인 왈 "이름이 참 좋네요, 그런데 얼마나 쎄요?" 하는 것이었다. 그때부터 이 '임세기(林世基)'라는 이름으로 멋지게 소개할 유머를 만들게 되었고 3년여에 걸친 유머 스토리가 다음과 같이 탄생되었다.

　임세기(林世基)의 한자풀이는 '수풀로 세상의 터를 다져라'인데 지금은 참 이름이 좋다고 느껴 자긍심을 갖지만 옛적에 이름 때문에 스트레스를 많이 받았다. 초등학교 시절에는 친구들이 송충이처럼 따끔하게 쏘는 '풀쐐기'라는 별명을 붙이고는 근처도 못 오게 했다. 중학교에 진학하니 '이놈의 새끼, 저놈의 새끼'라 했고 고교시절에는 더 나아가 '씹새끼'라고 부르며 놀려댔다. 그러나 대학교에 진학하니 엄청 반전으로 '21세기'라 했고 2년간 근무했던 KAIST에서는 글로벌 대학답게 'CENTURY(센추리)'라고 해주었다. 수협은행으로 직장을 옮겨 첫 근무지가 대전역 앞에 소재한 지점이었는데 첫 출근 날 깜짝 놀랐다. 지점 근처에는 온통 세기의 환영 간판이 붙어 있었는데 지금도 많이 있지만 여기저기에 '세기보청기, 세기꽃집, 세기인쇄소, 세기부동산 등등…' 중년의 여인이 이제 '얼마나 쎄요?' 하면 대답을 삼행시로 증명해 준다.

임세기가 옷을 벗는다.
세고 힘차게 벗는다.
기통(氣通)차다

그래도 이해를 못하면 결과물을 제시한다. 결혼 당시에는 자녀 구성비가 딸, 아들 순서가 최고라고 하기에 그대로 실천했다. 첫째 딸을 낳기 위해서는 제 기운을 빼야 하니 참이슬(酒)을 6개월 동안 마셨고, 둘째 아들을 낳기 위해서는 계룡산 남매탑에서 6개월 동안 참이슬(露)을 맞으면서 얻게 되었다.

그래도 또 이해가 안 되는 분을 위해서 증명해드린다.
결혼할 때 처음엔 수정(水晶) 즉 Crystal로 알고 결혼했는데 동사무소에 혼인 신고할 때 보니 제 안사람 이름이 노수정이었고 수정(水晶)이 아니었다. 그런데 더 황당한 것은 수정(受精)도 NO라 아니 될 수 있다는 의사 말이었다. 그러나 이 모든 것을 오로지 쎄기의 기운으로 해결하여 딸, 아들을 낳았다. 이제 임세기가 정말 쎄다는 것이 증명되었을까? 사실은 NO를 돌려서 이해하면 ON이 된다.
어떤 모임자리에서 이렇게 유머로 소개하면 20분 이상이 걸리는 데도 모두 박장대소해주니 요즘은 더욱 더 제 이름에 감사함을 느낀다. 그래서 스스로 호를 빈초(彬草)로 지었고 사무실 서당을 육빈당(育贇堂)으로 명명했다. 빈(彬)은 '빛날 빈'으로서 빈(斌)과 같은 뜻으로 문(文)과 무(武)가 합쳐진 것이니 빛날 斌(빈)이다. 빈(贇)은 빈(斌)에 돈 패(貝)가 있으니 아름다울 빈(贇)이 된다. 그래서 빛나는 풀(彬草)로 숲(林)을 이루게 되었고, 아름다움(贇)을 육성(育)하는 서당(堂)을 갖게 되었다. 모든 분들도 자기 이름으로 멋진 유머 하나씩 만들어 보는 것도 좋겠다.

30. 유머로 발음 연습하기

　유머든 건배사든 기본은 의사전달이다. 말투 성량 등으로 정확히 전달되지 않으면 효과가 반감될 수 있고 혹은 소통에 오해가 발생될 수 있다. 그러므로 수시로 자기의 약점을 파악하여 보완할 필요가 있다. 그런데 기존의 판에 박힌 단순하고 무미건조하게 연습할 것이 아니라 이왕이면 즐겁게 하는 것이 더 효율적이고 흥이 있을 것이다. 따라서 다음과 같이 기존의 발음연습 사례에 유머를 가미하여 나만의 연습 글귀를 만들어 보았다.

발음 훈련 방법
이중모음은 정확히 발음해주기.
혀에 힘을 주면서 또박또박 강하게 발성하기
모음은 더 정확하게, 리듬을 타면서 부드럽게

- 생각이란?
  생각하면 생각할수록 생각나는 것이 생각이므로
  생각하지 않는 생각이 좋은 생각이라 생각한다.

- 행복이란?
  행복하면 행복할수록 행복하니 행복이 행복해지고
  불행이란?
  불행하면 불행할수록 불행하니 불행이 불행해지는 것이다.
  행복이 불행을 행복하게 해야지 불행이 행복을 불행케 하면
  행복과 불행, 불행과 행복 어찌 행불행 하겠는가!

· 사랑이란?
  사람이 사람을 사랑하지, 사람 아닌 사람이 사랑할 수 있나?
  사람과 사랑은 한몸이니 사람과 사랑은 뗄 수 없고
  네모로 태어난 사람이 사랑하면 사랑할수록
  동그라미인 사랑으로 변해가는 것이다.

· 들의 콩깍지는 깐 콩깍지인가? 안 깐 콩깍지인가?
  깐 콩깍지면 어떻고 안 깐 콩깍지면 어떠냐?
  깐 콩깍지나 안 깐 콩깍지나 콩깍지는 다 콩깍지인데.

· 공서방네 콩깍지는 깐 콩깍지이고
  강서방네 콩깍지는 안 깐 콩깍지인데
  공서방 깐 콩깍지와 강서방 안 깐 콩깍지가
  니 콩깍지 내 콩깍지 콩깍지끼리 싸우네.

· 콩 쪄 콩죽 만들고, 콩 걸려 콩즙 만드네
  콩깍지 콩솥 태우고 솥속콩 콩콩콩콩 거리네.
  콩뿌리가 콩깍지와 콩으로 변했건만 콩끼리 콩콩대며 왜 싸우냐.

· 七步詩(칠보시) 曹植(조식)
  煮豆持作羹(자두지작갱) 漉菽以爲汁(녹숙이위즙)
  콩을 쪄서 죽을 만들고, 콩을 걸러 즙을 만든다.
  箕在釜下燃(기재부하연) 豆在釜中泣(두재부중읍)
  콩깍지는 솥 아래서 불타고, 콩은 솥 안에서 울고 있네.
  本自同根生(본자동근생) 相煎何太急(상전하태급)
  본래 같은 뿌리에서 생겨났거늘, 서로 달이는 것이 왜 이리도 급한가

· 나폴 나폴 나비가 나팔꽃에 날아가 놀고 있는데
  닐리리 닐리리 나팔소리에 나팔꽃 나비가 놀라
  나팔꽃에서 놀지 못하고 나리꽃으로 날아가더라.

- 간장공장 공장장은 강공장장이고
  된장공장 공장장은 공공장장인데.
  간장공장 공장장 강공장장이
  된장공장 공장장 공공장장에게
  간장공장 공장장과 된장공장 공장장을
  공통공장 공통공장장 하라 하네.

- 삼월삼일은 삼순이 삼식이 삼삼한 삼겹살 삼키고
  십일월십일일은 인연이 연인되어 십장생 약속하네.
  칠월칠석은 칠곡 출신 삼순이 칠순잔칫날이고.
  팔월팔일은 팔당 태생 삼식이 팔십팔세 잔칫날이다.

- 경찰청 쇠창살은 외철창살이고
  검찰청 쇠창살은 쌍철창살이고
  관광청 쇠창살은 삼철창살인데
  경찰청 쇠창살이 쌍철창살이고
  검찰청 쇠창살이 삼철창살이면
  관광청 쇠창살은 외철창살이냐.
  경찰청 검찰청 관광청이
  외철창살 쌍철창살 삼철창살하면
  외철창살 쌍철창살 삼철창살은 어떡하냐?

- 관광청 관광공사 곽과장이 관광가는데
  관광버스 관광객 곽사장이 꽉 손잡고
  관광춤 관광노래 꽉꽉꼭꼭 꽉 껴안네.

- 꿀꿀이네 멍멍이는 꿀꿀해도 멍멍하고
  멍멍이네 꿀꿀이는 멍멍해도 꿀꿀하다.
  꿀꿀이네 멍멍이 멍멍이네 꿀꿀이
  꿀꿀멍멍거려 꿀꿀이 멍멍이 구별 못하네.

건배사는 사랑이다

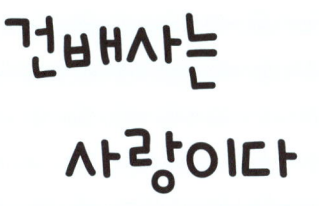

술자리나 모임 자리에서 인사 말씀이나 건배사로
스트레스를 받는 사람이 적지 않다.
처음부터 즉흥적으로 잘하기로 타고난 사람은 없다.
잘 한다는 사람도 알고 보면 평소에 준비를 하는 것이다.
누구나 조금만 더 생각해서 준비하면 주목받는 건배사, 인사말을 할 수 있다.

" 건배사는 사랑이다 "

  건배사(乾杯辭)는 건전(健全)하고 배려(配慮)하면서 사랑하는 마음으로 하는 것이다. 아무리 훌륭한 건배사도 참석자 중에 한 사람이라도 불쾌감을 느낀다면 그건 건배사로서 가치가 없는 것이다. 어느 누구에게도 마음의 상처를 주지 않는 건배사가 훌륭한 건배사인 것이다.

  요즘 기업체에서는 직원들의 능력을 향상시키기 위하여 스피치나 리더십 교육을 강화하고 있다. 그러나 실제로 연습하는 경우는 많지 않다. 그러나 모임이나 단합대회에서 할 수 있는 3분 스피치나 건배사가 얼마나 좋은 기회인가? 그럼에도 불구하고 직장인들과 많은 모임에서 겪어 보았지만 선뜻 건배사를 하려고 하지 않는다. 심지어 건배사를 시키면 자리를 뜬다고 으름장을 놓거나 건배사 없는 모임을 하자고 의견을 제시하기도 한다. 그러나 다시 생각해 보면 자기를 PR(Public Relations)할 수 있는 좋은 기회를 놓치는 것이다. 행여나 대인기피증이 있는 사람은 더욱 그렇다. 어차피 사회생활을 사람과 관계하지 않고는 불가능하다면 이런 기회를 최대한 활용해야 할 것이다. 소위 말하는 학(鶴)의 일성(一聲)으로 청중들을 평정한다면 얼마나 멋있는 것일까?

  스토리(Story)와 시(詩)가 있는 건배사가 대세를 잡고 있다. 본인도 가장 선호하는 건배사가 바로 이 두 가지이다. 어느 모임 장소이든 단합대회서도 그 주제에 맞는 시를 적절히 인용하는 건배사는 한층 분위기를 숙연하면서도 의미를 더해준다.

그럼 어떻게 하면 그런 건배사를 할 수 있을까? 제가 경험해 본 바에 따르면 재미있어야 하는데 그 재미를 느끼게 하는 건배사는 스토리와 시가 있는 건배사이다.

첫째, 스토리(Story)가 있는 건배사이다.
평소에 구성원들에게 하고 싶은 얘기를 전달하는데 스토리를 만들어 하는 것이다. 처음엔 다소 서먹하고 어렵겠지만 몇 번 하다가 보면 금세 쉬워지리라 확신한다.

둘째는 시(詩)가 있는 건배사이다.
시의 장점은 압축성입니다. 전달하고 싶은 줄거리를 집약적으로 전달하는 데 의의가 있습니다. 직접 시를 창작하면은 더욱 좋고 그렇지 못하면 목적에 맞는 시를 골라서 시낭송을 하고 간략하게 자기가 하고픈 말을 첨부하여 건배사를 하면 된다.

여기에 소개되는 건배사는 모두 이러한 유형이다. 실제로 어디서든 언제든 활용할 수 있다.

1. 첫 인연을 소중히 ☺

공직을 과감히 떨쳐버리고 방랑생활을 하던 김삿갓.

어느 날 해가 저물어 시골 양반 집에 들러 숙식을 구걸하게 되었는데 수전노(守錢奴)로 소문난 영감이 밥은 주지 않고 마구간에서 재우고는 그것도 크게 베푼 인심이라면서 동이 틀 무렵 깨워 쫓으면서 하는 말.

"글은 꽤나 하는 차림인데 하룻밤 숙박비로 저 뒷산에 짓고 있는 정자 이름이나 지어주고 가게나?"

이에 맘은 아프지만 그래도 양반 체면에 멋지게 지어주자고 생각한 김삿갓.

"귀할 귀(貴), 아름다울 나(娜), 집 당(堂), 귀나당(貴娜堂)이 좋을 것 같소"

이에 주인은 만족하고 건물 준공식에 친구들을 모아 연회를 베푸는데 글 꽤나 아는 친구가 정자 작명 사연을 묻고는 이에 대답을 듣자 하는 말.

"그러니 첫 인연을 잘 해야지 않겠나, 글자는 그럴듯하나 거꾸로 읽으면 '당나귀'로 자네를 조롱하는 말일세."

자! 이제 우리 모두 첫 만남의 첫 인연을 소중하게 생각하면서 건배사를 **'당나귀'**로 하겠습니다. **"당**신과 **나**의 **귀**한 인연(因緣)을 위하여"라고 외치면

남성은 "이~~힝"(수 당나귀 울음소리로 가늘고 길게),
여성은 "이힝"(암 당나귀 울음소리로 크고 짧게)으로 해주십시오.

선창 : **당신**과 **나**의 **귀**한 인연을 위하여
후창 : 남성- **이~~힝**, 여성- **이힝**

이러한 건배사도 지금은 변천되었다.
"**당신**과 **나**의 만남은 **귀**신도 모르게 하자"

2. 당신과 행복을 😀

  우리나라에서는 술을 마셔야 사업이든 직장에서든 성공할 수 있다고 한다. 술자리가 많은 사회에서 분명 유리한 것은 틀림없는 것 같다. 그렇냐고 술을 마시지 못한다고 실패하는 것은 더욱 아니다. 왜냐하면 소주에 취하여 인간관계가 돈독해지지만 그것은 잠깐이다. 깨고 나면 서로 상생할 수 있는 공통점이 있으면 오래 가지만 그렇지 못하면 잠깐으로 모든 것이 사라져 버린다. 그러나 진심으로 상대방의 마음에 동화되어 취해버리면 영원히 평생가게 되는 것이다. 따라서 주변에서 술도 못 마시는데 성공적인 삶을 보내는 사람이 더욱 위대해 보이는 것이다.

  자! 소주(燒)에 취(醉)하면 잠깐(瞬) 행복하지만, 당신(當)께 취(醉)하면 평생(平) 행복하다 의미에서 제가 **"소취순"** 하면 **"당취평"** 으로 화답해 주세요.

  선창 : **소 취 순**
  후창 : **당 취 평**

3. 부부의 겸손 ☺

요즘 유행하는 **"가(家)"**하면 **"족(族)같이"**라는 '가족같이 건배사' 유래를 찾아보면 17세기 조선시대까지 거슬러 올라간다.

선비와 기생 전성시대인 조선 선조 무렵에 어느 남편이 출세하여 부부동반으로 축하연을 열면서 건배 제의를 하는데

"오늘 이 자리는 내가 잘 한 것은 없으며 모든 것이 안사람인 내자의 덕이니 **'내자지덕(內子之德)을 위하여'** 건배사 하겠습니다.

제가 **"內"**라고 선창하면 여러분은 나머지 일곱 글자 **"子之德을 위하여"**를 크게 외쳐주시면 되겠습니다."라고 건배사를 하였다

이에 겸손이 지나친 부인이 답례를 하면서 "듣기 부끄럽습니다. 오늘 이런 영광스런 자리는 모두 바깥어른이신 여보가 한 것이니 저는 **'여보지덕(如寶之德)을 위하여'** 건배 제의를 하겠습니다. 제가 '**如**'라고 선창하면 여러분은 나머지 일곱 글자 **"寶之德을 위하여"**를 크게 외치시면 되겠습니다."에서 유래되었다고 합니다.

☞ 내자(內子) : '안사람' 이란 뜻으로 가슴 속에 있는 부인을 일컬음
  여보(如寶) : '보배와 같다' 는 의미로 가슴 속 깊숙이 숨기고 있는
        남편을 일컬음

4. 스트레스를 반갑게 😛

　태초에는 4계절이 없이 일 년 내내 같은 계절이었는데 어느 날 행성이 지구와 부딪치면서 지구가 23.5도로 기울게 되었습니다. 이에 낮과 밤의 길이가 매일 조금씩 달라졌고 일년 365일이 네 부분으로 나누어져 계절이 생기게 되었습니다. 이와 같이 우리 인생도 외부 압력이나 스트레스가 무조건 나쁜 결과만 초래하는 것은 아닌 것 같습니다. 파란만장한 삶이 더 아름다운 결과를 줄 수도 있는 것입니다. 파란만장한 생활이 억대 연봉의 지름길이 될 수 있습니다. 파란게(萬원) 만장(萬丈)이면 일억(一億)이고, 일억(一億)이 만장(萬丈)이면 일조(一兆)가 됩니다. 우리 모두 파란만장한 인생으로 억억억(億億億)하면서 살다보면 일조(一兆)의 재산도 모을 수 있을 것입니다.

　자! 건배하겠습니다. 제가 먼저 **"파란만장"** 하면 **"억억억"** 해 주세요.

　선창 : **파 란 만 장**
　후창 : **억 억 억**

5. 소화제를 마시면서 ☺

　직장에서 소기의 목적을 이루려면 구성원간의 화합이 제일입니다. 그런데 화합을 하려면 우선 소통이 잘 되어야 합니다. 그럼에도 불구하고 인간관계에서 제일 중요한 것이 소통인데 아이러니하게도 소통의 문제로 많은 어려움을 겪고 있는 것도 사실입니다. 소(牛)도 통하는 것이 소통이고, 웃기(笑)만 해도 통하는 것이 소통인데 원활한 소통이 가장 어려운 것 중에 하나이기도 합니다. 우리의 소통을 막고 있는 장애물을 "소화제를 마시자"로 시원하게 뚫어 봅시다. "소화제, 마시자" 의미는 "**소통**과 **화합**이 **제**일이다. 그러면 **마**음이 열리고 **시원**한 **자**리가 됩니다."입니다.

　제가 먼저 **"소화제"** 하면 **"마시자"** 로 해 주십시오.

선창 : **소 화 제**
후창 : **마 시 자**

6. 자기야 힘내 ☺

　IMF 외환위기가 덮쳤을 때 경제적 책임을 지고 있는 가장에게 가장 위로가 된 노래는 자녀들이 불러주는 "아빠, 힘내세요, 우리가 있잖아요."로 시작하는 노래가 있습니다. 이때 남편이 제일 위로가 된 부인의 말은 "자기야, 힘 내"였습니다. 대기업이 무너지고, 금융기관이 쓰러지고, 부인들이 사라져버리는 초유의 사태 속에서 따뜻한 부인의 이 한마디는 움츠린 남자의 가슴을 활짝 펴주는 계기가 되었습니다.

　"자기야, 힘내"가 뜻하는 의미는 "**자**신감을 갖고, **기**운을 내서, **야**망을 달성하자" 그러면 "**힘**껏 **내**가 도와줄게"입니다. 제가 먼저 **"자기야"** 하면 **"힘내"**로 크게 외쳐 주시기 바랍니다.

　선창 : **자 기 야**
　후창 : **힘 내**

7. 오래 보아야 사랑스럽다 ☺

　지금도 광화문 교보문고에는 계절이 바뀔 때마다 아름다운 시가 새로이 바뀝니다. 1990년부터 시작하여 2015년까지 100편의 시가 게시되었습니다. 이 100편의 시에 대해서 여론조사를 했는데 1등 한 시가 바로 나태주 시인의 「풀꽃」이라고 합니다.

"자세히 보아야 예쁘다.
오래 보아야 사랑스럽다.
너도, 그렇다"

　교장 선생님이던 시인이 운동장에서 풀꽃과 놀고 있던 어린이를 관찰하면서 지은 시라고 합니다. 어린이가 보고 있는 풀꽃도 예쁘고 사랑스럽지만 바로 그 어린이도 자세히 보니 예쁘고, 오래 보니 사랑스러웠던 것입니다.
　여기 계신 모든 분도 그렇습니다.
　제가 시를 읽고 **"너도"** 하면 **"그렇다"** 고 외치시면 됩니다.

"자세히 보아야 예쁘다.
오래 보아야 사랑스럽다"

선창 : **너 도**
후창 : **그 렇 다**

☞ '광화문 글판' 여론조사 순위

1위: 「풀꽃」 나 태주
자세히 보아야 예쁘다
오래 보아야 사랑스럽다
너도 그렇다

2위: 「방문객」 정 현종
사람이 온다는 건 실은 어마어마한 일이다
그는 그의 과거와 현재와 그리고 그의 미래가 함께 오기 때문이다
한 사람의 인생이 오기 때문이다

3위: 「대추 한 알」 장 석주
저게 저절로 붉어질리는 없다
저 안에 태풍 몇 개
저 안에 천둥 몇 개
저 안에 벼락 몇 개
저 안에 번개 몇 개가 들어서서 붉게 익히는 것일 것이다

4위: 「풍경 달다」 정 호승
운주사 와불님을 뵙고 돌아오는 길에
그대 가슴의 처마 끝에 풍경을 달고 왔다
먼데서 바람 불어와 풍경소리 들리면
보고 싶은 내 마음이 찾아간 줄 알아라

5위: 「흔들리며 피는 꽃」 도 종환
흔들리지 않고 피는 꽃이 어디 있으랴
이 세상 그 어떤 아름다운 꽃들도
다 흔들리면서 피었나니
흔들리면서 줄기를 곧게 세웠나니
흔들리지 않고 가는 사랑이 어디 있으랴

8. 옆에 있어 고맙다 ☺

시인 김사인의 「조용한 일」의 시는 이렇습니다.

낙엽 하나 슬며시 곁에 내린다.
고맙다.
실은 이런 것이 고마운 일이다.

따스한 가을 햇살이 떨어지는 잔디위에 누워 있을 때.
먼 곳이 아닌 바로 옆에 떨어지는 낙엽 하나.
이것에 고마움을 여기는 여유가 부럽다.
오늘 여기 계신 분들 바로 제 옆에 함께 해주셔서 고맙습니다.

이런 소중한 만남을 위하여 제가 **"고맙다"**하면 **"고맙다"**로 답해 주십시오.
"낙엽 하나 슬며시 곁에 내린다."

선창 : **고 맙 다.**
후창 : **고 맙 다.**

9. 하하 웃지 않는 그대는 바보 😊

와우각상쟁하사(蝸牛角上爭何事)
달팽이 뿔 위에서 무엇을 다투는가?
석화광중기차신(石火光中寄此身)
부싯돌 불꽃처럼 짧은 순간 살거늘
수부수빈차환락(隨富隨貧且歡樂)
풍족한대로 부족한대로 즐겁게 살자
불개구소시치인(不開口笑是癡人)
하하 웃지 않는 그대는 바보!

지금으로부터 약 1,300년 전 당나라 시인 백거이가 이런 시를 읊었다는 것이 신기합니다. 지금 이 시대에 "인생 뭐 있나요? 그저 웃으면서 즐겁게 살면 되는 거지요!" 하면서 푸념 섞인 신세타령을 하는데 옛 선인들도 인생은 부싯돌 같이 잠깐 타다가 꺼지는 것이라면서 하하 웃네요.
우리 모두도 오늘 하루 근심 걱정 잊고 웃으면서 삽시다.
제가 **"하하 웃지 않는 그대는"** 하면 **"바보"** 라고 외쳐 주세요.

선창 : **하하 웃지 않는 그대는**
후창 : **바 보**

10. 주꾸미와 오징어 ☺

서해 서천에서는 매년 3월에 동백꽃 주꾸미 축제가 열립니다.
푸른 바다와 붉은 동백꽃 사이 항구에서 주꾸미를 먹는 모습은 생각만 해도 가슴 벅차지요. 또 서천에서는 5월에 꼴갑 축제가 있습니다. 꼴뚜기와 갑오징어 축제이지요.

이렇게 멋진 축제를 즐기면서 우리 인생도 "주꾸미와 오징어 같이 살자"는 의미에서 **"주꾸미"**, **"오징어"**로 건배사 하겠습니다.

주꾸미의 의미는
주그러들지 말고
꾸물대지 말고
미안해하지 말고 살자이며,

오징어의 의미는
오랫동안
징그럽게
어울리면서 살자입니다.

선창 : **주 꾸 미**
후창 : **오 징 어**

11. 백두산과 한라산 ☺

  2018년 평창 동계 올림픽 기간 중에 북한 삼지현 관현악단의 공연이 있었습니다. 그 중에 최고의 가슴 찡한 장면은 예고 없이 무대에 오른 단장 현송월이 '백두와 한라는 내 조국' 노래를 부를 때였습니다.
  곧 통일이 될 듯한 분위기가 지금은 숨고르기 시간이라고 생각되지만 언젠가는 우리가 건강하고 즐겁게 살다 보면 통일이 되지 않을까 하는 마음으로 건배사를 하겠습니다.
  건배사는 **"백두산"**과 **"한라산"**으로 하겠습니다

백두산의 의미는
백세 때까지
두발로 씩씩하게
산에 오르자이며

한라산의 의미는
한마음 한 뜻으로
나와 너 즐겁게 놀자
산이 부를 때까지입니다.

선창 : **백 두 산**
후창 : **한 라 산**

☞ 단숨에: 술을 마시고 난 뒤 우리의 '건배'에 해당되는 것으로 북한에서
       많이 사용하는 구호임.

12. 시이오(視耳娛)를 즐기자 ☺

　능력 있는 CEO 한 사람이 조직의 운명을 좌지우지한다. 따라서 기업체는 훌륭한 CEO를 모시기 위하여 천문학적인 연봉을 제시한다.
　그 결과 성공적인 경우도 있지만 실패한 경우도 있다. 왜냐하면 두 종류의 CEO가 있기 때문이다. 흔히들 CEO는 Chief Executive Officer(최고경영자)이지만 한자로 풀이 하면 시(視). 이(耳). 오(娛)를 뜻한다. 즉 시이오(視耳娛)는 많이 보고, 잘 듣고, 스스로 즐길 줄 알아야 한다. 이런 삼박자를 잘 갖춘 CEO를 우리는 '**시**원하게 **이**끌어 주는 **오**너라' 한다. 그렇지 못하고 연봉만 갉아먹는 CEO를 우리는 '**씨**발 **이**것도 **오**너냐.'고 무시한다.
　여기 계신 모든 분께서는 첫 번째의 시원하게 이끌어 주는 오너가 되기를 바라면서 건배하겠습니다. 제가 **"시이오"**라고 외치면 **"즐기자"**로 후창해 주세요.

　　선창 : 視耳娛
　　후창 : 즐기자

13. 행복한 사람이 생산력이 높다 ☺

　최태원 SK그룹 회장이 2019년도 그룹경영 화두로 '구성원들의 행복'을 제시하였습니다. 여기서 구성원이란 직원뿐 만아니라 주주, 고객, 협력사를 망라하며 사회와 고객에게 친화적인 기업은 단기적으로 손실을 보더라도 장기적으로는 성장한다고 강조하였습니다. 같은 의미로 HPHP라는 말이 있습니다. Happy People High Performance는 행복한 사람이 생산력이 높다는 뜻입니다. 혹여 어떤 사람은 골프 기본자세로 'Hip 빼고 Head 박고'라고도 합니다. 어쨌든 CEO는 구성원에게 '회사는 행복한 곳이다.' 라는 것을 심어줄 의무가 있습니다. 우리 회사가 CEO와 함께 행복 만끽하면서 목표 달성을 위해 건배하겠습니다. 제가 **"Happy People"** 하면은 **"High Performance"**라고 외쳐 주십시오.

　선창 : **Happy People**
　후창 : **High Performance**

14. 우리 서로 Kiss해요 ☺

　어느 성공한 중견기업 여성 CEO가 직장 신년회 한마음대회에서 "우리 서로 KISS해요"라고 했습니다. 갑자기 분위기가 숙연해졌죠. 재빠르게 법무팀이 분석한 결과 성희롱엔 해당되지 않는다고 합니다. 법에 따르면 남성은 이 같은 경우에 '성희롱(性戲弄)'에 해당되지만 여성인 경우엔 '성재롱(性才弄)'으로 분류되기 때문입니다. 그래서 여성 CEO는 말을 이어갔습니다. KISS가 한자로는 설왕설래(舌往舌來)입니다. 즉 두 사람의 혀가 왔다갔다하는 것처럼 구성원의 대동단결을 강조하는 의미입니다. 그리고 영어는 Keep It Simple & Speedy입니다. 즉 '새해엔 업무를 처리함에 있어서 단순하고 신속하게 합시다.' 라는 의미입니다. 제가 **"우리 서로"**하면 큰 소리로 **"KISS해요"** 해 주십시오

　선창 : **우리 서로**
　후창 : **KISS해요**

15. 사람은 사랑이다 ☺

　사람은 사랑입니다. 사람은 태어날 때 네모인 'ㅁ'로 태어나지만 세월이 흐르면 동그라미인 'ㅇ'으로 바뀌면서 살아야 합니다. 그래서 사십대인 불혹이 되면 팔각형으로, 오십대인 지천명이 되면 십각형으로 변해서 살아야 합니다. 그리고 이순인 육십대에 이르면 십이각형을 넘어선 완전히 동그라미인 'ㅇ'으로 바뀌어 누가 무슨 말을 해도 포용할 줄 아는 여유를 갖고 살아야 합니다. 그러나 주변에서는 타인과 시시비비하면서 얼굴을 붉히는 사람을 보게 됩니다. 그 시비에서 이긴들 진정 승자가 아닙니다. 아무리 옳아도 그 사람은 내 곁을 떠나기 때문입니다. 고집이 줄어들면 그 만큼 사랑이 늘어납니다. '귀가 순해진다.'는 육십엔 고집을 버리고 무조건 사랑의 힘으로 살아야 합니다. 자, 제가 건배사 하겠습니다. **"사람은"** 하면 **"사랑이다"** 해 주십시오.

　선창 : **사 람 은**
　후창 : **사랑이다**

16. 술은 정이다 ☺

　소백산 어느 조그만 사찰 일주문 앞에 '큰 절이나 작은 절이나 믿음은 하나요, 잘난 사람이나 못난 사람이나 인간은 하나다' 라는 푯말이 있습니다. 이 푯말 영향인지, 큰 스님의 불심이 깊다는 명성 때문인지 사찰은 작지만 일 년 열두 달 신도가 끊이지 않습니다. 그러나 큰 스님은 신도들과 조그만 개울가 옆에서 곡주를 즐겨마셨는데 늘 건배 구호는 한결같았습니다. 개울 건너편에 신도들이 모일 때쯤 되면 행여나 신도들이 술을 마시지 않나 오해를 불식시키고자 이렇게 외쳤습니다.

　제가 **"이게 술이가?"** 하면 **"아이다"** 해주시고, 또 제가 **"그럼 뭐꼬?"** 하면은 **"정이다"** 해 주십시오.

선창 : **이게 술이가?**
후창 : **아이다**

선창 : **그럼 뭐꼬?**
후창 : **정이다**

17. 술은 망우물이다 😛

　역사적 인물에는 술을 좋아하는 위인들이 아주 많습니다. 이태백, 황진이, 김삿갓, 소크라테스, 헤밍웨이 등인데 이들은 한결같이 "밥은 바빠서 못 먹고, 죽은 죽어도 못 먹고, 술은 술술 넘어가니 마신다."고 했습니다.

　한편 돈키호테는 "까닭이 있어서 술을 마시고, 까닭이 없어서도 마시고 그래서 오늘도 마신다."면서 사람의 정을 그리워하면서 살았답니다. 꽃은 반만 핀 것이 좋고 술은 반취하도록 마시면 무한한 사람의 정이 솟아 좋다고 합니다. 그래서 술은 정(情)이며 망우물(忘憂物)입니다. 돌리는 술 잔 속에 인정이 피어나고 그 피어나는 정 속에 세상 모든 근심 걱정이 사라지게 됩니다. 호수에 떠 있는 달 잡으러 간 이태백처럼 삼백 잔 마시고 시름을 잊어봅시다.

　여러분! 제가 **"술이란"**하면 **"망우물"**하고 외쳐 주세요.

선창 : **술 이 란**
후창 : **망 우 물**

18. 다 함께 꿈을 ☺

　세상에서 제일 행복한 사람은 자신의 꿈을 펼치는 사람입니다. 그런데 그 꿈을 혼자가 아니라 여러 사람이 같이 꾸면 얼마나 더 좋겠습니까. 한 사람의 꿈이 한 사람으로만 그치면 히틀러의 꿈인 나쁜 꿈이 되지만 한 사람의 꿈이 열 사람의 꿈으로 이르면 징기즈칸의 꿈인 좋은 꿈이 됩니다. 오늘 단합대회에 모인 모든 직원들이 각자의 꿈을 표현하고 그 꿈을 동료들과 함께 이루는 한 해가 되기를 바라겠습니다. 그런 의미에서 건배사는 오늘의 메뉴인 '한우와 갈비'로 하겠습니다. '한우갈비' 의미는 **"한마음으로 우리는 갈수록 비상하자"**입니다. 제가 **"한우"**하면 **"갈비"**라고 크게 외쳐 주시면 됩니다.

선창 : **한 우**
후창 : **갈 비**

　☞ 메뉴에 '굴비'가 있으면 '굴하지 말고 비상하자'로 해도 좋습니다.

19. 아내와 애인을 위하여 ☺

애욕기생(愛欲其生)이라는 말이 있습니다.

사랑은 사람으로 하여금 살아가게끔 한다는 뜻입니다. 그 만큼 사랑은 삶의 활력소이고 필수불가결한 요소입니다. 지금 당장 바로 옆에 있는 사람과 사랑의 눈빛을 교환해 보십시오. 사랑하면서 살기에도 부족한 시간입니다. 200여 년 동안 이어온 유명한 영국 해군사관학교 건배사가 있습니다. 2012년에 남녀차별 문제로 폐기는 되었지만 그 건배사는 선창으로 **"우리의 아내와 애인을 위하여"** 하면 후창으로 **"그들이 절대 서로 만날 일이 없기를"** 입니다. 오늘 우리도 사라진 이 건배사를 우리가 사관생도가 된 기분으로 해보겠습니다.

선창 : **우리의 아내와 애인을 위하여**
후창 : **그들이 절대 서로 만날 일이 없기를**

☞ 우리의 아내와 애인을 위하여: To our wives and sweethearts
   그들이 절대 서로 만날 일이 없기를: May they never meet

20. 매미의 일생 ☺

'맴맴' 운다 하여 이름도 매미가 된 이 곤충은 다른 곤충과 달리 특이한 점이 너무 많습니다. 나무 속에서 1년간 알로 지내다가 알에서 부화한 애벌레는 땅 속으로 들어가 평균적으로 5년 정도 산다고 합니다. 그 후 애벌레는 다시 나무로 올라와 약 5시간에 걸쳐 껍질을 벗으면서 성충이 되어 수컷은 한을 토해내듯 울고, 암컷은 알을 낳기 위하여 울지도 못합니다. 옛 유학자들은 매미가 5가지 덕(德), 즉 문(文), 청(淸), 염(廉), 검(儉), 신(信)을 가졌다 해서 숭상했습니다. 그런 매미도 6년을 애벌레로 살다가 1개월 정도 성충으로 살지만 사랑의 힘으로 산답니다.

시인 안도현의 「매미」를 감상해 보겠습니다.

어제 울었던 매미
오늘 아침 소리가 달라졌다
그놈, 애인이 생겼나 보다.

애인이 생기면 목소리도 삶의 질도 달라집니다. 여러분도 사랑의 힘으로 인생의 질을 높여 보세요. 제가 **"매미"**하면 **"맴맴맴"**으로 화답해 주세요.

선창 : **매 미**
후창 : **맴 맴 맴**

☞ 하루살이는 밤과 새벽을 모르고 매미는 봄과 가을을 모른다.

21. 은혜는 베풀고 원수는 맺지 말고 ☺

　소경이 등불 들고 길을 가는데 이와 마주친 정상인이 한마디 합니다. "당신은 앞을 보지도 못하는 데 등불을 왜 들고 다닙니까?" 하자, 소경이 하는 말 "당신이 나와 부딪치지 않게 하려구요." 맞습니다. 늘 역지사지 입장에서 상대방을 생각하면서 배려하며 살아야 하겠습니다. 사람은 언젠간 다시 만나는 법이니 늘 다른 사람들을 배려하면서 친절히 대해야 되겠습니다.

　명심보감에 심금을 울리는 글귀가 있습니다.

　恩義廣施, 人生何處不相逢(은의광시, 인생하처불상봉)
　은혜와 의리를 널리 베풀어라, 사람이란 어디서 다시 만나지 않겠는가.
　讐怨莫結, 路逢狹處難回避(수원막결, 노봉협처난회피)
　원수와 원한을 맺지 마라, 길이 좁은 곳에서 만나면 피하기 어려우리

　앞으로 은혜와 의리는 베풀고 원수와 원한은 맺지 않기를 바라면서 제가 **"은의광시"** 하면 **"수원막결"** 로 해 주시면 됩니다.

　선창 : 은 의 광 시
　후창 : 수 원 막 결

22. 사랑 고백하면서 😊

사랑하는 사람에게 사탕을 주며 사랑 고백을 하는 날이 화이트데이입니다. 사랑하고픈 여인 앞에서 이런 사랑 고백도 좋을 듯합니다.

> 세인들이 그대의 박옥미인을 칭송하는데
> 그 교묘한 솜씨와 아름다움을 비길 데 없어
> 항상 나의 마음을 사로잡았소.
> 오늘 밤 자정 무렵 달빛을 밟고
> 그대를 취하러 갈 깃이니
> 그대는 넓고 넓은 아량으로
> 부디 이 몸이 헛된 걸음 되지 않게 해주길 바라오.

지금 내 소원은 너를 가장 행복하게 해 줄 수 있는 사람이 바로 나였으면 하는 것입니다. 앞으로 백 년 동안 너의 시간을 나에게 저당 잡혀 주면 안 되겠니? 영화 '카사블랑카'에서는 이렇게 건배사 하지요. **"당신의 눈동자에"** 하면 **"건배"** 해 주세요.

선창 : **당신의 눈동자에**
후창 : **건배**

☞ **남자들의 느끼한 작업멘트 베스트5**
- 5위: 세상엔 여러 종류의 우유가 있습니다. 딸기우유, 바나나우유, 초코우유, 그리고 나만이 그대에게 줄 수 있는 아이러뷰~
- 4위: 당신의 아버지는 도둑이죠? 하늘의 별을 따다가 눈에 박았네요.
- 3위: 응급처치 할 줄 아세요? 당신이 내 심장을 마비시켰거든요.
- 2위: 입고 있는 옷 상표 좀 보여 주세요? 천사표 옷이지요.
- 1위: 천국에서 인원점검 중 야단났데요! 천사가 하나 사라졌데요!!! 왜 여기 있어요? 나랑 같이 갈려구요.

23. 남자 존재 이유는? ☺

위인들의 아내를 사랑하는 구호도 각양각색입니다.
여러분은 어디에 가까운지 생각해 보세요.

케네디 : 아내가 나에게 무엇인가를 해줄 것을 바라지 말고 내가 아내에게
         무엇을 해줄 건가를 생각하라.
링컨 : 아내의, 아내에 의한, 아내를 위한 남편이 됩시다.
햄릿형 : 옆 집 아내를 탐하느냐 마느냐 그것이 문제로다.
페트릭 헨리 : 내게 아내기 아니면 죽음을 달라.
데카르트 : 나는 아내만을 사랑한다. 고로 존재한다.
소크라테스 : 네 아내만을 사랑하라.

남자가 **존**재하는 이유는 **여**자인 아내의 **비**상구역할을 위해 존재합니다.
남자가 **존**재하는 이유는 바로 **여**자를 **비**쳐주기 위해 존재합니다.

여자가 빛이 나도록 사랑해주기를 다짐하면서 **"남존여비"**를 외치면
"지키자"하고 외쳐 주십시오.

선창 : **남 존 여 비**
후창 : **지 키 자**

☞ **남자**가 **존재**하는 이유는 **여자**의 **비**밀을 지켜주는데 있다
　남자가 **존재**하는 이유는 **여자**의 **비**위를 맞추는데 있다
　남자가 **존재**하는 이유는 **여자**를 **비**명을 지르게 하는데 있다
　남자가 **존재**하는 한 **여자**는 **비**참하다
　남자는 **존**중받고 **여자**는 **비**난 받기 쉽다.
　남자가 **존재**하는 한 **여자**는 **비**용이 든다.

24. 우리는 하나다, 이대로 영원히 ☺

　어리석은 사람은 인연을 만나도 인연인 줄 모르고, 보통 사람은 인연인 줄 알고도 살리지 못하며, 똑똑한 사람은 소매만 스쳐도 인연을 살려낸다고 합니다. 현재는 IT(Information Technologe)시대지만, 미래는 RT(Relation Technologe)시대라고 합니다. 지금 바로 옆에 있는 사람이 아무런 연줄이 없어도 나의 가장 든든한 버팀목으로 만든다면 성공한 사람이 됩니다. 여기 계신 모든 분들이 하나가 되고 그 하나 됨이 영원할 것을 다짐하면서 잔을 들겠습니다. 제가 **"우리는"**하면 **"하나다"**라고 해주시고, 다시 제가 **"이대로"**하면 **"영원히"**라고 해 주십시오.

선창 : **우 리 는**
후창 : **하 나 다**

선창 : **이 대 로**
후창 : **영 원 히**

25. 인생 뭐 있니? 전세 아니면 월세지! ☺

　최근 뉴스를 보면 우리나라 국민이 평균 43세가 되어야 주택을 마련할 수 있답니다. 그것도 주택 매입가격의 60%가 금융기관 대출금으로 충당 된다고 합니다. 몇 년 전 모 방송 뉴스 진행자로 복귀한 최일구 아나운서의 멘트, "인생 뭐 있니? 전세 아니면 월세지, 때 되면 방 빼는 게 인생이야."를 들은 적이 있습니다. 본인의 파란만장한 인생을 대변하는 말이었고 심지어 유트브에는 자작한 노래까지 인기리에 구독되고 있더라구요. 그의 말대로 보금자리 구입에 인생을 소모하는 것도 한 번쯤 생각해 볼 일이라고 생각됩니다. 덥지 않은 여름이 없고 춥지 않는 겨울이 없습니다. 약한 자는 고통 속에 눈물 흘리지만, 강한 자는 고통 속에 오히려 빛난다고 합니다. 모든 어려움을 웃으면서 이겨내자는 의미에서 제가 **"인생 뭐 있니?"** 하면 **"전세 아니면 월세지"** 라고 화답해 주세요.

선창 : **인생 뭐 있니?**
후창 : **전세 아니면 월세지**

☞ 寒凝大地 發春華(한응대지 발춘화)
　꽁꽁 얼어붙은 겨울 추위가 봄꽃을 한결 아름답게 피운다.

26. 불요파(不要怕) 그리고 불요회(不要悔) ☺

　어느 한 젊은이가 인생의 조언을 얻고자 마을 뒷산에 불심이 강한 스님을 찾아가 "제가 이제 고향을 떠나 서울 가서 큰 사업을 하려고 합니다. 삶의 도움이 되는 말씀 부탁합니다."라고 했습니다. 그러자 스님은 먹과 붓을 꺼내더니 우선 '불요파(不要怕)'를 써 주면서 "젊은이의 뜻만 곧다면 어떠한 도전에도 두려워하지 말고 하게."라고 진지하게 말씀하셨습니다. 그리고 나서는 "이 봉투는 여러 일을 헤쳐 가다가 가장 어려운 시기에 열어 보겠나?" 하면서 자리를 떴습니다. 먼 훗날 젊은이가 사업의 성공과 실패를 거듭하다가 가장 힘든 시기에 그 봉투를 열어보니 거기엔 '불요회(不要悔)'라고 적혀 있었습니다. 그걸 본 순간 큰 깨달음을 느낀 젊은이는 다시 인생의 깊은 맛을 느끼면서 직면한 어려운 순간을 슬기롭게 헤쳐 나갔답니다. 여러분도 멋지게 도전하고 맛있게 웃고 넘기기를 바라면서 **"불요파"**하면 **"불요회"**라고 해 주십시오.

　선창 : **불 요 파**
　후창 : **불 요 회**

27. 직장성공을 위하여 ☺

흔히들 직장에서 성공하려면 쪼다가 되라고 합니다. 통 큰 사람이 사업에선 성공할지는 몰라도 직장에서는 성공한 사람이 드물다고도 합니다. 직장에서는 꼼꼼하고 세밀한 업무처리가 요구되어 그런 말이 나온 것 같습니다. 그러나 내가 겪어 본 바에 따르면 다음의 세 가지가 필요합니다.

단(但) 한 명의 멘토
십명(十名)의 고객(顧客)
백권(百卷)의 책(册)

어려움과 비젼을 함께 나눠주는 멘토, 언제나 목표 달성에 도움 주는 고객, 변화에 적응하고 내면의 세계를 넓혀주는 책이면 어떠한 직장에서도 성공하리라 확신합니다. 그런 의미에서 **"직장성공"**하면 **"단십백"**이라고 외쳐주세요

선창 : **직 장 성 공**
후창 : **단 십 백**

☞ Street Smart: 저잣거리에서 닳고 닳아 경험이 많은 사람
　 Book Smart: 공부를 많이 해서 이론적 지식이 풍부한 사람

28. 짜다면 짜다 😋

어느 대형 식당 내에 있는 표어입니다. 고객이 짜다할 때 설사 사장이나 주방장이 짜지 않다고 주장해도 아무 소용이 없습니다. 즉 아무런 이득이 없는 것입니다. 왜냐하면 자기 주장을 하여 짜지 않다는 것을 설득해도 다음에 그 손님이 오지 않으면 그 식당은 진 것이기 때문입니다. 즉 고객과 논쟁은 의미가 없는 것입니다. 직장에서 근무할 때도 마찬가지입니다. 가끔 고객과 직원 사이에 불친절 다툼으로 논쟁이 발생하는 경우가 있습니다. 직원은 최선을 다해 친절하게 모셨다고 주장하지만 고객이 불친절하다고 느꼈으면 불친절한 것입니다. 즉 음식이 짠 것과 불친절하다고 느낀 것은 그 당사자 기준으로 하기 때문입니다. 그 당사자들이 다시는 그 식당과 회사와 거래를 하지 않으면 결국은 안타까운 것은 식당과 회사이기 때문이지요. 우리 모두도 늘 역지사지 입장에서 생각하며 즐겁게 응대합시다. 제가 **"짜다면"** 하면 **"짜다"** 로 응답해주세요.

선창 : **짜 다 면**
후창 : **짜 다**

29. 멋진 꿈을 이루자 ☺

白日依山盡(백일의산진)
해는 산에 기대어 지고
黃河入海流(황하입해류)
황하는 바다로 흘러가네
欲窮千里目(욕궁천리목)
멀리 천리를 더 보려고
更上一層樓(갱상일층루)
다시 누각 한 층을 또 오르네.

- 「등관작루」 왕지환

 지금 현재도 서산에 지는 해, 동해로 흘러가는 강물을 충분히 볼 수 있지만 여기서 머무르지 않고 조금이라도 더 보려고 한 층 올라가는 작자의 맘이 흥미롭습니다. 우리도 현재에 만족하지 말고 무엇이든 본인들이 꿈꾸는 바를 이루기 위해 한 걸음 앞서가기를 희망하면서 **"멋진 꿈을"** 하면 **"이루자"** 해 주세요.

선창 : **멋진 꿈을**
후창 : **이 루 자**

30. 해불양수(海不讓水)와 상선약수(上善若水) ☺

　해불양수(海不讓水)라는 말이 있습니다. 바다는 어떠한 물도 사양하지 않습니다. 큰 물이든 작은 물이든, 깨끗한 물이든 더러운 물이든 모든 물을 받아들입니다. 그래서 바다인 것이지요. 그런데 이 지구상의 70%가 바다입니다.

　또한 우리 인체도 70%가 물입니다. 그래서 바다와 사람은 일맥상통합니다. 우리도 바다와 같이 모든 사람을 받아들여야 하는 이유가 여기에 있습니다. 노자사상에는 상선약수(上善若水)라는 말이 있습니다. 지극히 착한 것은 물과 같다는 뜻입니다. 그 물은 만물을 이롭게 하면서도 어떤 다른 물과 다투지 않아 세상에서 으뜸가는 표본으로 여기는 것입니다.

　이제 우리도 잘 난 사람이든 못 난 사람이든, 부자이든 가난한 자이든 모두를 받아들이면서 물과 같이 흐르는 데로 다투지 말고 지냅시다. **"해불양수"**하면 **"상선약수"**라고 외치면 됩니다.

　선창 : **해 불 양 수**
　후창 : **상 선 약 수**

31. 인생성공을 위하여 ☺

인생에서 성공하려면 '일십백천만'이 필요합니다.

매일
한가지 새 정보를 득하고
열번 남을 칭찬을 하고
백번 크게 웃고
천자의 글을 쓰며
만보를 걸어야 됩니다.

인체에는 돈으로 살 수 없는 유익한 호르몬이 자연적으로 발생하는데
새로운 지식 정보를 득할 때는 다이돌핀(didorphin)
칭찬과 감사가 느껴질 때는 세로토닌(serotonin)
눈물이 날 정도로 웃을 때는 엔돌핀(endorphin)
사랑하는 사람과 연애편지를 나눌 때는 도파민(dopamin)
이 모든 것은 정신적 호르몬이나
만보는 육체적 호르몬으로 위 네 가지의 기본이 되는 것입니다.

이제 우리 모두를 위하여 **"인생성공"** 하면 **"일십백천만"** 을 외쳐 주십시오.

선창 : **인 생 성 공**
후창 : **일 십 백 천 만**

32. 니나노 지화자 ☺

　한 총각이 나이트클럽에 가서 신나게 춤을 추는데 이상형이 나타났습니다. 첫눈에 반한 그 남자. 온갖 재주를 동원하여 2차 주점으로 옮기는 데까지는 성공하였습니다. 이제 마지막 고비에서 멋진 건배사로 여인의 맘을 얻고자 말을 걸었습니다. "제가 건배사 하겠습니다. 오늘 처음 만났지만 멋진 시간을 위하여 '**니**하고 **나**하고 **노**~올자' 의미로 '**니나노**'로 하겠습니다." 하고는 원샷을 했다. 이를 조용히 지켜보던 여인. 답답한 느낌을 받았는지, 자기도 건배사 하겠다고 하면서 "긴 말 필요 없이 '**지**랄하시 말고 **화**끈하게 **자**자' 의미에서 '**지화자**'라고 할께요." 그리고 둘이는 황홀한 만리장성을 쌓고는 지금도 행복하게 잘 살고 있답니다.
　함께 근무했던 직장 후배 얘기입니다. 때로는 화끈한 여자의 선택에 순종하는 것도 현명한 처세술이 될 수 있습니다. 여기 계신 여성분들의 아름다운 선택을 바라면서 "**니나노**"하면 "**지화자**"하겠습니다

　　선창 : **니 나 노**
　　후창 : **지 화 자**

33. 귀할수록 방목하자 ☺

콩을 광야로 보내면 일 년짜리 콩 나무가 되고
온실로 보내면 한 달짜리 콩나물이 됩니다.

국화를 들판으로 보내면 해마다 향기를 맡지만
온실로 보내면 한번으로 장례식장에서 끝난답니다.

자식을 광야로 보내겠습니까?
온실로 보내겠습니까?

자식의 향기를 매년 맡으시겠습니까?
한 번으로 끝내시겠습니까?

"귀할수록"하면 크게 **"방목하자"**를 소리쳐 주세요.

선창 : **귀 할 수 록**
후창 : **방 목 하 자**

34. 감사만이 꽃길이다 ☺

감사의 사전적 의미는 다양합니다.

감사(甘死): 기꺼이 목숨을 바침
감사(敢死): 죽기를 두려워하지 않음
감사(減死): 죽을죄를 지은 죄인의 형벌을 감하여 줌
감사(感謝): 고맙게 여김
감사(監事): 단체의 서무를 맡아보는 직책
감사(監査): 감독하고 검사함
감사(瞰射): 내려다보고 활을 쏨
감사(監司): 관찰사

이 많은 감사 중에 감사(感謝)만이 보석입니다. 감사(感謝)만이 기도입니다.

이해인 수녀님의 「감사예찬(感謝禮讚)」을 감상하겠습니다.

감사만이 꽃길입니다
누구도 다치지 않고
걸어가는
향기 나는 길입니다

"감사만이" 하면 **"꽃길이다"** 외쳐주세요.

선창 : **감 사 만 이**
후창 : **꽃 길 이 다**

35. 해당화(海棠花) 안녕! ☺

　이제 멀리서 부인의 옷 벗는 소리만 들어도 깜짝 놀라는 50대 남편이 어느 날 친구 모임에 가서 멋진 건배사를 듣고는 집으로 기분 좋게 돌아 왔습니다. 식탁에 술상을 단정히 차려놓고는 잠자는 아내를 깨워서 앉혔습니다. "여보 내가 건배사를 할게. 이제 우리 앞으로 '**해**가 갈수록 **당**당하면서도 **화**목하게 지내자' 의미로 '**해당화**' 할게"하고는 단숨에 마셨습니다. 한참 후, 부인이 말하기를 "자기, 나도 건배사를 '**해당화**'로 할께. **해**가 갈수록 **당**신만 보면 **화**가 나요." 그러고는 침대로 돌아가 버렸다고 합니다. 한참 후에 방으로 들어 와 보니 부인은 야한 잠옷을 입고 누워 있었는데… 눈치 없는 남편은 그만 잠들고 말았습니다. 새벽에 눈을 뜨니 부인은 없고 핸드폰을 열어보니 문자가 와 있었습니다. '**해**달라고 **당**당하게 말도 못하는 **화**상덩어리'

　옛 적에 평균 수명이 60세였을 때는 40대까지만 부부의 정을 나누어도 훌륭했답니다. 이제 결혼 생활 20년 지났으면 서로 놓아주며 삽시다.

　화난다고 삐치지도 말고, 해달라고 조르지도 말고 제가 **"해당화"**하면 **"안녕"**라고 외쳐주세요.

　　선창 : **해 당 화**
　　후창 : **안 녕**

36. 줄 테면 막 주자 ☺

중국의 위대한 성인은 공자, 맹자, 순자, 노자였는데 그 중 최고의 성인은 공자였습니다.

오늘날 위대한 성인은 자자, 하자, 주자, 막주자인데 그 중 최고의 성인은 막주자입니다.

공자는 사람들이 익히고 실천해야 하는 것으로 특히 '인, 예, 의'를 강조했습니다.

막주자는 사람들이 베풀어야 하는 것으로 '준다'는 의미인 보시(布施)를 강조하는데, 물질적 베품인 재시(財施), 가르침의 베품인 법시(法施), 두려움에서 벗어나게 해 주는 무외시(無畏施)를 특히 강조했습니다.

상대방이 없는 것을 달라면 한참 생각해 보겠지만 있는 것을 달라고 할 때는 막주자 정신으로 살면 모두가 좋겠다는 의미로 **"줄 테면"** 하면 **"막 주자"** 로 하겠습니다.

선창 : **줄 테 면**
후창 : **막 주 자**

37. 돈 버는 건 기술로, 돈 쓰는 건 예술로

'인간 관계론의 데일 카네기'가 아닌 '영국 출신의 강철 왕 앤드류 카네기'는 평소 신념대로 "부자로 죽는 것은 가장 큰 수치다"라며 죽기 전에 재산의 대부분을 사회에 환원했다고 합니다.

돈 쓰는 예술을 배우지 못하고 돈버는 기술만 익히면 자식은 사라지고 상속인만 늘어납니다. 가진 것이 없을 때는 나눠 갖지만, 가진 것이 많을 때는 더 갖자고 다투는 것이 인지상정입니다.

더 이상 쓸 곳이 없는데도 돈 버는 기술에만 집착하다보니 온갖 기술을 동원하게 됩니다. 결국 그 마지막은 공수(拱手)하여 조용히 큰 집으로 이사 가는 것입니다.

황소 몰고 가다 길 잃은 염소에 눈이 멀어 황소 잃는 꼴입니다.

황소 한 마리면 충분합니다.

더 이상 염소든 닭이든 보지 마십시오.

"돈 버는 건" 하면은 "기술로"로 해주시고, 다시 "돈 쓰는 건" 하면 "예술로"로 해 주십시오.

선창 : **돈 버는 건**
후창 : **기 술 로**

선창 : **돈 쓰는 건**
후창 : **예 술 로**

시는
마음이다

시에는 감동이 있다. 시에는 끌림이 있다.

지점장 생활을 시작하면서 고객 생일이나 개업행사 때 특별한 마음을 표현하고 싶어 생각해 낸 것이 '시(詩)' 선물이었다. 진솔한 마음을 시로 창작하다 보니 받는 분들도 감동해 주니 즐거움은 몇 곱절이 되었다.

"시는 마음이다"

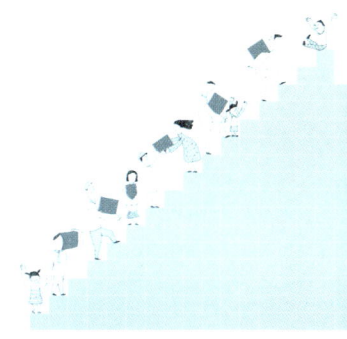

시(詩)는 절(寺)에서 하는 말(言)이다.

시상(詩想)을 떠올리려면 우선 주위가 고요해야 한다. 시작(詩作)을 하려면 주위에 사람이 없어야 한다. 시낭송을 하려면 청중이 집중해야 한다. 따라서 시와 함께 한다는 것은 자기 수양뿐만 아니라 자기 뜻을 전달하는데 아주 효과적이다. 그리하여 시를 통하여 자기의 마음이 상대에게 전달되는 것이다. 마음을 전달하는데 시보다 더 좋은 것이 없다.

그 동안 직장생활을 하면서 고객과 소통을 하고자 할 때에나, 고객과 오랜 친구처럼 지내고 싶을 때, 고객의 생신이나 잔치(회갑, 칠순) 때에는 어김없이 시를 지어 낭송하게 되었다. 자화자찬이 아니라 시를 선물 받은 고객님은 감사의 표현을 눈물로 답해 주었다. 그리고 매양 집 거실이나 사무실에 걸어 두고 매일 볼 때마다 고마움을 느낀다고 한다. 흔히들 고객만족이니 고객감동이라는 말을 입버릇처럼 많이 한다. 그러나 역지사지 입장에서 진정 고객이 원하는 것은 무엇이며, 고객이 감동 받는 것은 무엇인지 고민을 해 본적이 있을까?

필자도 지점장이 되기 전에는 진정 고객이 원한 것에 무관심한 것이 사실이다. 그저 보통의 경우처럼 축하 자리에서 조그만 상품권과 꽃다발 그리고 케이크 절단이 축하표현의 모든 것이었다. 그러나 지점장으로서 주체하는 자리가 되었을 때에는 뭔가 변화할 필요가 있다는 것을 느꼈다. 왜냐하면 기존의 방식은 이미 형편이 더 좋은 경쟁자인 타 은행에서도 시행하고 있으므로 차별 없이 유사하게 하면 만족하지도 않겠지만 그냥 인사치레 정도로 어떠한 감동도 받지 않으리라는 생각이 들게 되었다. 따라서 고민을 거듭하여 고안해 낸 것이 그 주인공이 살아온 인생을 시로 표현해 선물하는 것이었다. 짧은 시간에 마음을 열기에 가장 요긴한 것이 바로 시라는 것을 깨달았다. 어떠한 고객과도 1년 정도 만나서 얘기를 나누다 보면 그가 살아온 인생여정이 엿보이며 그에 따른 시상이 떠오릅니다. 그럼 거기에 맞는 삼행시를 짓든지, 시조형식을 빌리든지, 형식을 무시한 자유시로 창작을 하게 되었다. 따라서 여기에 실린 시는 목적시다. 고객님의 맘을 얻기 위한, 고객님이 영원히 우리 직장을 이용하게끔 연결고리를 만드는 마음의 일부이다.

　물론 처음에는 시를 짓는다는 것이 부담이 뒤따르는 것은 사실이다. 시상이 떠오르지 않을 때의 초조감은 커다란 스트레스였다. 그러나 어느 순간 고객과 잘 어울리는 영감이 잡혔을 때의 그 쾌감은 다이돌핀이 솟는 감동을 받게 된다. 그러한 과정이 지나간 뒤 최근에는 시를 짓는다는 자체가 즐거움이 되고 시를 지으면서 상대방이 흐뭇해하는 모습을 떠올리면 그저 어깨가 들썩여지기까지 했다.

　많은 CEO가 시에서 영감과 아이디어를 얻는다고 한다. 애플의 CEO 스티브 잡스는 '생각이 막힐 때 시를 읽으면 아이디어의 샘이 솟는다.' 하였다. 직장에서 목표 달성을 위하여 직원들의 아이디어를 공모하는 경우가 많다. 평소에 시에 관심이 많은 직원들은 분명 훌륭한 아이디어를 제출한다. 시작(詩作)을 한다는 것은 평소 늘 어떠한 아이디어를 구상하는 훈련이 필요하다. 또한 가장 간략한 단어로 어필하는 것이 시의 근본적 요소이니 직장 아이디어 공모와 일맥상통하기에 시에 관심을 갖는 것이 직장에서 성공하는 방법이기도 하다.

마음의 수양을 한다는 생각으로 시를 지어 보자. 나아가 어떤 한 사람을 진정 감동시키는 선물을 선사한다는 맘으로 시를 써보자. 분명 언젠가는 당신에게 더 커다란 선물이 되어 돌아올 것이다. 시의 말은 사람이 하지만 그 말의 끝은 천사의 날개가 달려있다는 말처럼 시엔 듣는 이로 하여금 감동을 받게 한다.

시인 안도현의「너에게 묻는다」를 감상해 본다.

연탄재 함부로 발로 차지 마라
너는
누구에게 한 번이라도 뜨거운 사람이었느냐

지금까지 누군가에게 따뜻한 사람이 못 되었다면 지금이라도 한 글귀의 시를 지어 가까운 이에게 들려주자. 분명 더 가까운 사이가 될 것이다.

1. 당신이 원하신다면

차디찬 은빛 쏟아지는 겨울날에
따스한 눈망울 주체할 수 없어
먼 산을 응시하던 그 순간
당신이 원하신다면
언제든 따뜻한 친구가 되고 싶었습니다.

무더위가 극성을 부리는 여름밤에
시원한 미소를 차마 볼 수 없어
맥주에 입술을 닿는 그 순간
당신이 원하신다면
언제든 다정한 연인이 되고 싶었습니다.

벚꽃이 만발하여 천지가 하얀 봄날에
향긋한 그대의 향기를 맡을 수 없어
꽃잎 따러 손을 뻗는 그 순간
당신이 원하신다면
언제든 행복을 빌면서 놓아드리고 싶었습니다.

짝 잃은 기러기 슬피 우는 늦가을에
다정한 목소리 차마 들을 수 없어
멈칫 몸을 피하는 그 순간
당신이 원하신다면
언제든 가슴 열고 새로이 받아들이겠습니다.

내가 원하는 만큼만 사랑하고
당신이 원하는 사랑 못해 주어 맘이 아려옵니다.

✉ 미운 정 고운 정이 든 청주지점 고객과 인사발령으로 헤어지면서

2. 화양연화(花樣年華)

솔바람 소리가 그윽한 산사(山寺)에서
꽃이 피어나듯 맑은 웃음소리를 듣는 그 순간
포근하고 여유로운 엷은 미소를 보는 그 순간
내 인생에서 아름다운 시간이었습니다.

해조음(海潮音) 소리가 아득한 바닷가에서
희디흰 햇살이 그대 양 볼에 찰랑거리는 그 때
밝디 밝은 별빛이 눈 가에 살포시 내려앉는 그 때
내 인생에서 행복한 시간이었습니다.

해맑은 앞날이 다가오는 길목에서
찬 서리가 나무를 발가벗기듯 두 번의 별리(別離)
한파가 아무리 매몰차도 봄꽃이 피듯 세 번의 재회
내 인생에서 의미 있는 시간이었습니다.

달콤한 바람이 불어오는 지금
경건한 백색소음이 들리는 이 순간
떨리는 손잡고 초롱한 눈동자를 보는 이 찰나가
내 인생에서 최고의 아름답고 행복한 화양연화(花樣年華)입니다.

☞ 尊敬(존경)하는 선배님과 다시 근무하게 되면서

3. 직장행복 경영

직원으로서 희망

척박한 소백고을 끼니걱정 오남매
순박한 부모만나 빚내어 형설지공
맛좋은 수협입사니 **입신양명(立身揚名)** 따로없네

이제사 이내인생 이 맘대로 저 맘대로
계룡산 막걸리에 서해안 꼴뚜기라
무엇이 남부러우랴 **주지육림(酒池肉林)** 내 곁에

오가는 고객표정 하루의 희노가
눈치 주는 동료상사 한주의 애락이
어이야 어이하겠노 **동섬서홀(東閃西忽)** 해보세

늘어나는 식구에 헤진정신 고쳐잡고
내습한 금융위기 떠나가는 벗님들
아뿔사 정신차리세 **만절필동(萬折必東)** 믿으면서

책임자로서 번뇌

철이없어 귀엽다 금일로 끝이구나
위로는 지점장 아래로는 후배님
눈치로 삼백육십일 **만고풍상(萬古風霜)** 밀려오네

실적을 올려라 녹봉은 누가주나
고객이 등 돌리면 내일터 시리지니
에헤라 하하호호로 **승풍파랑(乘風破浪)** 이겨보세

열번받은 칭찬말 한번실수 앗아가니
복잡다 불평말고 차근차근 열공하여
참삶에 큰믿음주는 **금과옥조(金科玉條)** 지키세

직장생활 십여년 강산도 변했구려
낯설던 내삶터 이제는 주인되어
언제든 어디에서든 **수처작주(隨處作主)** 내것일세

지점장으로서 행복

홀연히 지점장 어처구니 내인생
물설은 속리골 정성으로 다가가니
걱정도 팔자이던가 **환골탈태(換骨奪胎)** 새세상

찌푸린 얼굴들 거칠은 사투리
자기자랑 고객들 옥신각신 직원타령
그래도 받아줘야지 **해불양수(海不讓水)** 큰그릇

모진생 살려주고 거친가정 지켜준
앞컨에선 웃음을 뒷컨에선 울음을
하여튼 잘 보냈으니 **공성신퇴(功成身退)** 이루세

내일이 마지막날 돌아보면 미소가
잘살았네 잘견뎠네 대견타 자위하며
앞으로 구구팔팔에 **수복강녕(壽福康寧)** 누려보세

☞ 직장생활 20년(직원 6년, 책임자 6년, 지점장 8년) 쯤에 四字成語 12마디로 요약하면서 시 조형식으로 지음

4. 어머니란 이름으로

멀게만 느껴지던 칠십여 계단
한 계단 한 계단 밟아 온 길
자갈밭을 옥토(沃土)로 고른
세월이지요

너른 이마에 깊게 패인 주름
기쁘고, 슬프고, 아름다운
모습들을 알뜰히 아로 새겨 온
인생이었지요

불초(不肖)한 5남매가
바람 잘 날 없는 말썽을 부려도
멋있는 웃음과 맛있는 목소리로
살만한 인생이었다고 고백하는 당신

어찌 우리가 알리요! 헤쳐오신 그 설움을!
우리가 어찌 알리요! 모시 적삼에 흐른 땀을!
푸르른 숲처럼 기쁨을 더한 삶으로
'어머니란 이름으로' 살아온 당신을 사랑합니다.

기축년(己丑年)을 보내는 길목에서
어머니를 사랑하는 子女 一同

☞ 힘든 담배농사로 5남매를 길러주신 어머니의 七旬을 祝賀드리면서

5. 내리 사랑

철없는 아들 일곱 친구가
천방지축(天方地軸), 천하무례(天下無禮)한 짓을 해도
매양(每樣) 따스한 미소와 넓은 가슴으로
이해해 주신 게 3일 전 같은데
홀연히 30년이 지났습니다.

학업을 마치면 자주 찾아뵙고
잘못을 조금이라도 만회하려고
다짐 또 다짐하였으나
타고난 게으름이 오늘 이 순간에
또 후회하게 만들고 말았습니다.

이 세상에서 가장 따뜻한 어머니의 이름으로
들풀처럼 모진 길, 홀로 걸어오시면서
궂은 일 참고 사노라, 고운 옛 모습 지워지고
아직도 어린 삼남매를 품에 안고 살아오신 세월

아! 이제 모든 설움 내려놓시고
오늘 같이 기쁜 날
잔잔한 향기 날리는 풀꽃으로 피어나듯
열일곱 처녀로 돌아가 밝고 환한 웃음 지어보소서!

신묘년(辛卯年) 정월에 아들 친구 임세기 올림

☞ 친구 자당(慈堂)의 고희(古稀)잔치를 축하하면서

6. 당신의 미소를 기억합니다

마흔여덟 해 전
입동(立冬)과 소설(小雪) 사이에
아름다운 세상에 태어나심을 축하드리며
그 세상을 더욱 아름답게 하시는 모습에 찬사를 드립니다.

가을빛처럼 고운 그대의 미소에
어린 4동생은 올곧게 자랄 수 있었고
바람 한 점 없는 길 위에서 휘청거릴 때에도
님의 따뜻한 손길이 우리를 일으켜 세웠습니다.

광음(光陰)이 흐르면 은혜를 갚으려고
가슴속 깊이깊이 새겼지만
못난 우리는 제 식구 챙기기 바쁘고
또 이렇게 후회만 쌓이게 합니다.

지금의 반쯤 기울어진 삶까지
우리의 부족함, 못남 받아 주었듯이
다가오는 반(半)은 우리가
웃음과 재롱으로 함께 할게요.

2009. 11. 10
매양 철없는 어린 동생들이

☞ 맏며느리로서, 교사로서 너무 멋진 형수님 탄신을 축하하면서

7. 우애(友愛)

내 삶 책임 스무 살에 우애(友愛)스런 열두 명
휘영청 보름달 달구벌에 모여앉아
생사를 함께 하자고 도원결의(桃園結義) 맺어보네.

입춘(立春)엔 안면도 꽃 여름엔 함평 나비
입추(立秋)엔 예천 곤충 겨울엔 덕유 눈꽃
저마다 뽐내는 축제 눈가가 즐겁네.

창공(蒼空) 날아 제주도 창해(滄海) 넘어 울릉도
버스 실어 금강산 열차 담아 박연폭포(朴淵瀑布)
어딘들 못 가겠느냐 친구가 있는데.

서민 풍경 낙안읍성 선비 풍채(風采) 안동하회
시(詩)만나러 영월삿갓 과거(科擧)보러 새재옛길
과거와 현재가 섞여 일천년 살아보네.

추억의 서천 전어(箭魚) 살살 녹는 횡성한우(韓牛)
붉으스런 무등 수박 푸르른 정선나물
맛 찾아 팔도유람행(八道遊覽行) 우리 입맛 다시네.

백설위에 썰매경쟁 방위현역 족구시합
몸싸움 죽구전쟁 핑퐁우정 탁구경기
육체는 겉늙어가고 정신은 젊어오네.

술이 좋다 옛 친구 가락 좋다 내 연인
웃음 피자 건배사 근심 털자 음담패설
이태백(李太白) 부러워하고 두보(杜甫)가 울고 가네.

동고동락(同苦同樂) 정든 친구 함께 달린 오십 리 길
모자란 것 채워주고 남는 것 나눠주며
앞으로 남은 오십리 멋진 우애(友愛) 키워가세.

2011년 정월에

☞ 감천중학교 친구 모임인 '走馬會' 30 주년을 자축하면서 매년 2회씩 맛 찾아, 멋 찾아, 축제 찾아, 풍경 찾아 전국팔도를 섭렵한 발자취를 시조 형식으로 지어 보았음.

8. 되찾은 사랑

오십 해 전!
위풍당당한 학가산과 유순한 낙동강 사이에
세기(世基)가 태어나기 188시간 전에
복사꽃 같이 곱고 해맑은 모습의 한 공주(公主)는

고운 주름치마로 친구들의 시선을 고정시키고
목련같은 해맑은 미소는 숨을 멈추게 하더니
어느 따스한 봄날에 홀연히 흔적도 없이
분당고을로 사라져버렸네.

광음(光陰)은 흘러 흘러, 돌고 돌아
천당(天堂) 끝에서 들려오는 아름다운 노랫소리
분당(分堂)에서 우리 사랑 축복해 주니
모란꽃같이 순결과 정숙으로 깊은 인연 가꾸어 보세

단순호치(丹脣皓齒), 영설지재(詠雪之才) 모두 모였으니
금 술잔을 들어 우리 사랑 자축(自祝)하세!
일백 번, 일천 번 하고 싶은 말
사랑해요! 고마워요! 옆에 있어줘서

2009. 4. 20
생일을 축하하면서 직원 일동

☞ 분당에서 고향이 예천인 고객 生辰(필자와 8일 차이)을 慶賀 드리면서

9. 불혹(不惑) 사랑

뒤로는 올곧은 주마산(走馬山)의 정기(精氣)를 받고
앞으로는 유순한 내성천의 기운을 받아
마흔아홉 해 전, 한로(寒露)와 상강(霜降)사이에
우리 공주가 잠에서 깨어나셨네!

하늘로부터 타고 난 외모는
양귀비 왕소군이 부러워 하며
스스로 닦고 다듬은 마음씨는
늦가을 시냇가 반짝이는 조약돌 같구나!

하루, 하루 당신 볼 때마다
우린 다시 태어나는 부록인생(附錄人生)이라네
천번만번 하고 싶은 말 듣고 있나요?
못 살아요! 당신 없인! 함께해요! 영원히!

죽마고우 그 우정 앞으로 마흔아홉 해
아름다운 시간 만들어 가자꾸나.
기쁨은 더하고!, 슬픔은 빼고!
사랑은 곱하고!, 행복은 나누세!

2006. 10. 19
고향 친구 일동

☞ 어릴 때 함께 지낸 친구들이 한 자리에 모여 생일 축하하면서

10. 필연적 사랑

꽃과 나비는 하나다
꽃이 없는 나비도
나비 없는 꽃도
존재할 수 없다
꽃과 나비는 서로 사랑해야 존재할 수 있다.

하늘과 별은 하나다
하늘이 없는 별도
별이 없는 하늘도
존재할 수 없다
하늘과 별은 서로 사랑해야 존재할 수 있다.

너와 나는 하나다
네가 없는 나도
내가 없는 너도
존재할 수 없다
너와 나는 서로 사랑해야 존재할 수 있다.

2007년 따뜻한 봄날에

☞ 청주지점 고객과 춘계 봄나들이 가서 감사의 맘을 담아 읊음

11. 사랑 실천

세인들이 연금의 팔방미인(八方美人)을 칭송하는데
그 드높은 수익성과 유용함을 비길 데 없어
앞으로 우리의 실적을 사로잡을 것 같소.

누군가 매일 자정 무렵 달빛을 밟고
안절부절 오르락내리락 돈 보따리로
그대의 집을 기우뚱한다 하여도

그 대는 부디 넓고 넓은 아량으로
과객(過客)이 헛된 걸음 되지 않도록
수협(水協) 즉시연금(卽時年金)에 풍덩 빠지게 인도해 주시오…

노후와 자손의 사랑실천 즉시연금입니다.

☞ 공제를 담당하는 팀장 근무 시 즉시연금 실적을 독려하면서

12. 정(情)과 사랑

북한산(北漢山) 등을 베고 한강(漢江)을 바라보며
소임(所任)에 동분서주(東奔西走), 외로운 삼백예순날
지점마다 다른 마음 하나로 꽃피우더니
정(情)들자 가신다니 마음이 애닯네!

강인함과 신명남이 타고난 숙명이라
바람 거세던 그 자리 뚝심으로 밀고
다정다감한 음성으로 일손을 당기니
대하는 이마다 사람 좋다더이다!

덧없는 세월속에 녹녹한 정(情)이 묵어
보내는 가슴마다 찢어지는 심정
함께 지낸 희노애락(喜怒哀樂) 일천여일
가장 깊은 사람 맛 남기셨네!

만남과 헤어짐이 세상의 이치라
흥부 만난 제비 따라 강남 가신다기에
섭한 맘 접고 보내는 드리오지만
부디 잊지 마소서! 우리의 정(情)과 사랑을!

2012년 무더위가 극성을 부리는 쯤에
중화동 직원 일동

☞ 강북에서 강남으로 전보(轉補)가시는 선배님의 송별시

13. 사랑의 사계절

유달산 첫 꽃망울 마주잡은 첫 사랑
볼수록 애틋함에 못 볼수록 그리움에
싱긋한 **해돋이 사랑** 미래를 꿈꾸네.

신록(新綠)이 우거지자 그 사랑 더 푸르러
천둥번개 견뎌내고 초복말복 이겨내니
영원한 **해중천 사랑** 눈앞에 펼쳐지네.

낙엽이 뒹굴자 그 사랑 식어가고
삼학도(三鶴島) 파도소리 애끓는 저린 가슴
외로운 **해넘이 사랑** 쓸쓸함 다가오네.

함박눈 내리기전 함박웃음 간직하여
애상(哀傷)은 뒤로하고 애정(哀情)은 앞에 안고
가버린 **해저문 사랑** 새 사랑 또 오겠지.

이천구년 추풍(秋風)이 낙엽을 괴롭힐 때쯤

☞ 충청지역본부 근무 시 고객과 전남 목포 유달산에 여행 갔는데 유난히 많은 연인들이 산을 올라가는 데 쉼터에서 울고 있는 어느 한 쌍을 보면서 사계절과 해의 이동경위를 연계 대비하여 시조를 지었음.

14. 회(膾) 사랑

옛 친구들 우정이 그리워 모여 앉자
넓적한 광어회 입맛을 당겨오니
의좋은 서해 강화도 깊은 정 쌓여가네.

헤어졌던 첫사랑 천운으로 재회하여
자웅동체(雌雄同體) 감성돔 우리 사랑 이어주니
달콤한 남해 제주도 신혼 밤 보내보세.

머나먼 추억 찾아 단숨에 달려오니
전(錢)무관한 전어회 보자마자 손이가고
노을 낀 안면도 바다 다시 한번 가고 싶네.

나그네는 희망찾아 이리저리 거닐고
걸덕어(乞德魚) 농어는 멸치 찾아 노닐고
설레는 남쪽 거제도 새 꿈이 솟아나네.

수산의 풍요로움 근심걱정 삼키고
오적어(烏賊魚) 오징어는 까마귀 잡아먹고
광활한 동해 울릉도 산해진미(山海珍味) 다 모였네.

내 삶의 영화(榮華)로움 감사히 받아들고
호수요정 빙어회 회중에 으뜸이니
해돋이 완도 끝자락 밝은세상 열어주네.

☞ 수협에서 직영하는 '수협바다회상 둔산점'을 방문하여 고객이 만원이 것을 보고 그 광경이 아름다워서 고객 룸 명칭이 섬을 표현 한 '강화도, 제주도, 안면도, 거제도, 울릉도, 완도' 와 추상명사인 '우정, 사랑, 추억, 희망, 풍요로움, 영화로움'을 각각 인용하여 '수산물'과 연결하여 시조를 지음.
— 감성돔: 2~3년생은 암수동체이고 4~5년 지나면서 분리되는데 대부분 암컷으로 성 전환됨.
— 전어(箭魚): 귀천(貴賤)을 가리지 않고 좋아하는 사람이 돈을 생각하지 않기 때문에 전어(錢魚)라고도 함.
— 농어(農魚): 정약전의 '자산어보'에서 멸치를 좋아하는 농어를 걸덕어(乞德語)로 칭함
— 오징어: 오징어가 바다 표면 위에서 죽은 척 떠 있다가 까마귀가 접근하면 다리를 이용하여 잡는다에서 오적어(烏賊魚)라 함.
— 빙어(氷魚): 입추가 지나면 푸른색이 사라지기 시작하여 얼음이 녹으면 잘 보이지 않는다 하여 빙어라 불렀으며 호수에선 제일 좋은 고기라 하여 '호수의 요정'이라는 별명을 갖게 됨.

15. 사람 사랑

세상을 포효하듯 시원스런 음성
굵직한 걸음걸음 묵직한 맘 씀씀이
만나는 사람사람들 정감을 받아가네.

정(情)으로 익히고 감(感)으로 보태니
왼팔엔 국내경기 오른팔엔 세계경제
손쉬운 글로벌금융 모두가 놀라네.

얹자마자 남 주고 주자마자 돌아오니
만나면 즐거움이 헤어지면 아쉬움이
결국엔 사람사랑이 인생살이 전부일세.

새해 새 출발 하면서

☞ 중화동지점 근무 시 사람을 너무 좋아하는 거래처 고객님과 새해를 맞이하면서 시조를 읊음

16. 가 버린 사랑

한 때는
그 누구도 가질 수 없는 사랑을
나 혼자서 가졌다고 생각하면서
행복을 느꼈었지요.

한 때는
그 누구에게 자랑 할 수 없지만
내 사랑이 최고라 생각하면서
행복을 느꼈었지요.

한 때는
그 누구의 사랑은 몰라도
내 사랑은 무한이라 생각하면서
행복을 느꼈었지요.

지금은
그 누구의 사랑과 똑같은
가 버린 사랑이 되어
맘이 쓸쓸한 밤이 되었지요.

☞ 한 때는 청주지점 핵심고객이 사업장을 수도권으로 이전 후 일 년 만에 만나 회포(懷抱)를 풀면서.

17. 역발상(逆發想) 사랑

오늘도
책상 위에 건의사항 하나
대출금리 높아 차주 이탈(離脫)되니 금리 낮춰 달라네.
역발상(逆發想)으로
높은 금리 더 올려 여신(與信) 증대 할 수 없을까?

오늘도
컴퓨터에 건의사항 하나
예금금리 낮아 모두 옮겨가니 금리 높여 달라네.
역발상(逆發想)으로
낮은 금리 더 낮춰 수신(受信) 증대 할 수 없을까?

오늘도
전략회의에 건의사항 하나
자금이 부족하여 고객 달아나니 집행예산 더 달라네.
역발상(逆發想)으로
없는 돈으로 더 많은 고객 유치 할 수 없을까?

오늘도
핸드폰에 건의사항 하나
사랑하기에 헤어지자면서 제발 좀 보내 달라네.
역발상(逆發想)으로
사랑하지 않아도 좋으니 영원히 함께 할 수 없을까?

☞ 본부부서 근무 시 많은 건의사항에 의견을 제시하면서

18. 미워할 수가 없네요

보고파도 볼 수 없는 그 님이
어느 눈 내리는 날
'밉지 않느냐'고 문자오네.

미워도 미워할 수 없는 그 님에게
소복소복 내리는 눈을 보면서
'그저 보고 싶을 뿐'이라고 맘을 보내네.

듣고 싶어도 들을 수 없는 그 님이
감사하고 고마웠다고
받은 은혜에 눈물 흐느끼네.

사랑해도 사랑해도 끝이 없는 그 님에게
다 못 준 것 더 줄 수가 없어서
떨리는 가슴 쓸어내리네.

癸巳年 聖誕節(성탄절) 一週日을 앞두고

☞ 충청지역본부 근무 시 대출금리 때문에 타행으로 이탈한 고객이 1년 후 문자가 와서 답례 후 시를 지어 보았음.

19. 포근하게 찾아 온 당신

한반도의 끝자락, 해가 솟는 첫 동네에
청순한 기운을 모아 높디높은 신(神)께서
아름다운 세상을 더욱 아름답게 하고자
서시, 왕소군, 초선, 양귀비를 모아 한 몸으로 태어나게 하셨네.

옥같은 용모는 물고기의 헤엄을 멈추는 침어(沈魚)보다 낫고
청아한 목소리는 날개짓을 멈추게 하는 낙안(落雁)보다 뛰어나네.
섬세한 마음씨는 보름달 속으로 숨어버리는 폐월(閉月)보다 따뜻하며
가냘픈 섬섬옥수는 꽃봉우리를 닫아버리는 수화(羞花)보다 부드럽네.

그러한 당신을 대할 때 설레임보다는 편(便)해서 좋고
손을 잡으면 손이 따뜻해지기보다 맘이 따뜻해서 좋네.
밥을 먹으면 신경쓰기보다 더 많이 먹을 수 있어 좋고
좋아한다는 일시적 감정보다 영원한 믿음이 있어 더 좋네.

이에 태어나신 날에 아름다운 벗들이 모여
자리에 앉아 금 술병을 기울이며
모두들 진정으로 그대를 축원(祝願)하나니
사랑과 행복을 오래오래 누리소서!!!

병술년 동짓달에
수협 대전지점직원 일동

☞ 고향이 남해 앞바다인 고객이 중국 4대미인 浸魚 서시(西施), 落雁 왕소군(王昭君), 閉月 초선(貂蟬), 羞花 양귀비(楊貴妃)보다 더 아름답기에 생신을 축하하면서 읊어 보았음.

20. 탄생 그리고 감사

백마강(白馬江) 정기(精氣)를 품에 안고
평생을 사시더이다.

인자한 미소 맛깔스러운 음성!
늘 우리들의 가슴속에 계시더이다.

오산, 분당에 날렵한 白馬
대전, 청주에 우아한 白馬

이제 광화문에 웅장한 白馬가
당신의 숭고한 꿈이로세.

희망찬 그 꿈 이루어지게
잔 높이 들어 축원(祝願)하세 !!!

2007. 10. 29
幸福이 싹 트는 시간에
당신과 꿈을 함께 나누고 싶은 친구 일동

☞ 고향이 부여 백마강(白馬江)이여서 모든 신축하는 건물명이 '白馬빌딩' 인 아름다운 건축가
임 태선 고객님의 생신을 축하드리면서

21. 행복여행

단정한 몸가짐! 우아한 자태!
훈훈한 인간미! 푸근한 웃음!
기축년 정월에 금의환향(錦衣還鄕)하여
직원들의 가슴속에 안착한지 일천여일.

한라산 하산(下山)길에 빈대떡에 동동주
무등산 계곡에서 복수박에 막걸리
백두대간 청량산 헛제사밥에 안동소주
대청호 너른물에 소박한 생신상

삼백예순날 웃는 얼굴 따뜻한 마음
수없이 얽히고 설킨 희비사연(喜悲事緣)들
동분서주하시며 고향 구석구석에
사랑과 애정을 듬뿍듬뿍 뿌리시더니

가슴은 이팔청춘이나 공성신퇴(功成身退) 하신다니
만남과 헤어짐이 인간사의 숙명이기에
섭섭한 맘 뒤로하고 보내는 드리지만
오래오래 간직하소소! 우리의 추억을!

매서운 찬바람이 지나가는 길목에서
보내자마자 당신을 그리워할 직원 일동

☞ 수협은행 충청지역본부장 퇴임을 아쉬워하면서

22. 사랑 그리고 행복

그대를 처음 본 순간
나는 알아버렸습니다.
그리고 나의 사랑은 시작되었습니다.

그날의 떨림은
지금까지도 내 가슴에
생생하게 남아 있습니다.

이 세상에 태어나기 전부터
그대를 만나기 훨씬 전부터
나는 그대를 사랑하고 있었나 봅니다.

그대와 나의 사랑은 운명적으로 시작되었고
그 운명을 거역할 힘이 없기에
우리는 서로 사랑할 수밖에 없습니다.

하늘이 우리를 갈라놓기 전에는
어느 누구도 우리를 헤어지게 할 수 없습니다.
그대 행복 내가 지켜줘야 하니까.

영원한 행복시간을 기대하면서

☞ 40년 지기 친구와 망우물(忘憂物)을 마시면서 잠시 시상에 잠겼음.

23. 사랑하기 때문에 행복합니다

우리는 서로에게 주는
사랑으로 인하여
우리는 서로를 사랑합니다.

내가 태어나기 전부터
그대가 태어나기 전부터
우리의 사랑은 시작되었는지 모릅니다.

언제 사랑이 시작되었건
현재 우리는 마주보면서 사랑하고 있기에
우리의 사랑은 행복합니다.

사랑이 사랑으로 연결되어 있어
이제는 헤어질 수 없기에
우리의 사랑은 더욱 행복합니다.

몸짓을 부리지 않아도
굳이 말을 하지 않아도
우리는 사랑하기 때문에 행복합니다.

임진년 따스한 봄날에
수협 중화동 직원 일동

☞ 중화동 지점에서 공제캠페인 기간에 기꺼이 가입해 준 고객님께 감사의 표시로 지었음.

24. 우연적 행복

우연히 접한 어느 책 한 권이
생각의 깊이를 더 해주어
우리의 삶의 깊이를 결정해 준다.

우연히 들은 어느 한 얘기가
판단의 높이를 더 해주어
우리의 삶의 높이를 결정해 준다.

우연히 만난 어느 한 사람이
시야의 넓이를 더 해 주어
우리의 삶의 넓이를 결정해 준다.

우연히 이어진 우연이
시간이 지난 뒤에는 필연으로 변하여
우리의 삶의 행복을 결정해 준다.

☞ 우연히 경향신문의 '책읽는 경향' 코너를 접하고 난 후 많은 추천도서를 구독하면서 이렇게 책에 관심을 갖게 되었음.

25. 새로운 행복을 꿈꾸면서

새해 벽두(劈頭)에 신 농법 신 농사 짓겠다고
인심 좋고 산수 좋은 제휴(提携)마을에 안착(安着)하여
새싹이 돋아나는 춘삼월까지는 호시절(好時節)이었으나

오던 비 아니 오고 돌던 기계 삐걱거리니
하늘로 솟던 새싹 땅으로 거꾸러지고
칭송하던 이웃사촌 히쭉 히쭉 비웃네그려.

면장은 국민식량 걱정된다고 추정수확(推定收穫) 독촉하고
그 독촉이 굿 소리, 천둥번개보다 시끄러우니
겁 많은 자존심, 알량한 수치심은 의지를 표하고

의지에 의지를 더하니 가족은 피멍이 들고
그래도 피를 나눈 가족이 모여 마시고 춤추니
세월은 흘러 또 다른 새로운 한 해 앞에 서있네.

지난 농사 죽은 자식 불알 잡고 운들 무엇 하며
타산지석(他山之石), 반면교사(反面敎師), 새기고 또 새기어
올해 못한 행복! 내년에는 더하고 곱하여 보세!!!

경인년(庚寅年)을 보내면서

☞ 공제와 펀드를 담당하는 제휴사업팀장 근무 시 3월까지는 실적이 양호하였으나 4월부터 전산 시스템 및 상품가입절차가 변경되면서 실적이 저조하여 직원들에게 새로운 해에는 더 큰 행복을 만끽하자면서.

26. 행복에게

행복아
그대가 만약 꽃이라면
활짝 피지 말고 수줍은 듯 반만 피어라
다 피고 나면 떨어질 것이니까.

행복아
그대가 만약 시냇물이라면
곧 바로 가지 말고 굽이굽이 흘러가라
가고나면 다시는 못 올 것이니까.

행복아
그대가 만약 달님이라면
꽉 찬 보름달이 되지 말고 초승달이 되거라.
다 차고 나면 기울 일 밖에 없으니까.

☞ 대전지점의 어느 고객의 자녀가 '엄친아' 인데 작은 실수 하나가 부모님에겐 엄청난 실망을 안겨 주는 것을 보고서.

27. 엄마 봄길 사랑

엄마는 나의 등불이었습니다.
어두운 밤거리를 헤매일 때
매양 뒤에서 등불을 밝히시어
내가 안전한 발걸음을 딛게 하였고

엄마는 나의 등대였습니다.
적막한 바다에서 표류할 때
항상 앞에서 등대로 손짓하시어
내가 지름길로 오게끔 하였고

엄마는 나의 봄길 사랑이었습니다.
이러한 엄마를 만난 것이 행운이었고
그러한 봄길 사랑땜에 웃음지으며
그래서 세상살이 행복합니다.

이제 내가 당신의 등불, 등대가 되겠습니다.
행여나 맘이 외로울 때
혹여나 몸이 쓸쓸할 때
제일 먼저 달려가 당신을 내 품에 안겠습니다.

☞ 대전지점의 고객 중 모자지간의 애뜻한 사연을 듣고서

28. 애(愛)… 알 수 없어요?

어느 날 어스레한 골목에서 우연히 만난 '남'이
먼 훗날 그 '남'이 내 삶의 '놈'이 될지, '님'이 될지는
알 수 없어요.

님에게서 어느 날 갑자기 받은 '돈' 벼락이
먼 훗날 그 '돈'이 내 삶의 '독(毒)'이 될지, '덕(德)'이 될지는
알 수 없어요.

덕(德)이 되어 오랫동안 서로서로 쏟아 부은 '정(情)'이
먼 훗날 그 '정(情)'이 내 삶의 '종(예속관계)'이 될지, '重(존중관계)'이 될지는 알 수 없어요.

중한 정(情)을 나눈 님과 이별 선택이 '애매(曖昧)'한 경우에
먼 훗날 그 '애(曖)'가 내 삶의 '애(哀)'가 될지, '애(愛)'가 될지는
알 수 없어요.

☞ 수많은 고객이나 직장 선후배의 '인생 塞翁之馬(새옹지마)'를 지켜보면서 지음.

29. 이쁘니깐

이쁘니깐 이뻐 보이고
이뻐할수록 더 이뻐지니
이쁜 그대 이뻐할 수밖에

이쁜 곳에서 이쁜 밥 먹고
이쁜 시간에 이쁜 사랑하니
이쁜 그대 더 이뻐 보이네.

이쁜 너 만나 나 이뻐지니
이쁜 우리 이쁜 세상 만들어
이쁘게 살다가 이쁘게 죽자.

☞ 충청지역본부의 이쁜 고객이 '이쁜 그림액자'를 선물해 줌에 그 액자를 쳐다보면서 시를 읊어 봄.

30. 진주혼(眞珠婚)을 축하하며

황홀한 화용월태 첫눈에 넋이나가
병들었던 몸과 맘을 일각에 깨워주니
천상의 별을 따다가 그대에게 바치겠소.

정성스런 그대 맘 충분히 알겠으니
희한한 방법으로 애쓰지 마시고
숙명적 우리의 사랑 행복하게 가꾸어요.

진심어린 그대여 마음까지 곱구나!
주옥같은 우리사랑 꽃피우고 살다가
혼령이 되어서라도 또 다시 사랑해요!

☞ 백두산에서 친구 결혼 30주년을 축하하면서 '황병천, 정희숙 진주혼'으로 삼행시 형식으로 시조를 읊음.

31. 사랑은 파도를 타고(정석용 지순화 영원히 행복해)

정성으로 다가가 사랑을 품으니
금석도 녹아지듯 沈魚落雁 맘 열리고
정석용 두근두근 온 세상 얻었도다.

용모와 **지**성은 閉月羞花 부럽지않고
한사내 그 **순**수 찌르고 또 찌르니
雪膚花容 **지순화** 마음열고 활짝웃네.

드디어 善男善女 **영**원한 사랑맺자
甲男乙女 부럼에 구**원**의 길 여니
오순도순 자녀들 **영원히** 꽃 피우네

맘좋은 친구들 앞 다투어 **행**운 안고
모두들 사랑하자 다가오네 만**복**이
사랑은 파도타고 우리모두 **행복해**

을미년 춘삼월 回甲을 축하드리면서

☞ 대전지점 명예지점장 회갑을 맞이하여 '정석용 지순화 영원히 행복해'를 가로와 대각선으로 운율을 맞추어 지어 봄

32. 함께 하여 행복한 시간 (陶婚式을 자축하면서)

내 나이 三十에 六歲어린 자기만나
홍릉 땅 뒤로하고 대덕단지 품에 안자
어여쁜 지은 종민이 우리를 웃게 하네.

職場옮겨 맘고생 顧客만나 늦어지니
혼자서도 아들딸 멋지게 키우셨네.
얼마나 고마우신지 그 누가 알겠소

이십년 전 함께했던 개나리 벚꽃들
해마다 우리를 변함없이 지켜주니
우리의 지극사랑도 오래오래 함께하오.

金婚式 금강혼식 웃으면서 百年偕老
땅에서는 連理枝 하늘에선 比翼鳥로
당신의 행복한 미소 영원히 지키겠소

☞ 결혼 20주년(도혼식)을 맞이하여 사랑스런 아내에게 감사의 표현을 담은 시조를 지음

— 連理枝(연리지): 뿌리는 다르나 줄기가 하나로 얽혀 연결된 나무
— 比翼鳥(비익조): 각각 날개를 하나씩 가진 새가 몸이 붙어 있어 함께 날개 짓을 해야 날 수 있는 전설상의 새

33. 고희(古稀)를 축하하며

엄마 없는 어둥골 나홀로 자라나
晝耕夜讀 교대졸업 섬섬옥수 내색시
효심에 하늘이 감복 나이 줄어 군면제

오로지 자식사랑 울릉근무 자청하고
아들딸 孝道하고 조카질녀 尊敬하니
이보다 좋은 것 있나 내 인생 최고일세

동양화 사십팔쪽 함박웃음 꽃피우고
사위질부 둘러앉아 쓰리고 이어지니
兄嫂님 술 한잔 주소 천국이 따로 없네

인생칠십 古來稀라 분에넘쳐 살았지만
오늘같은 행복한삶 千年萬年 욕심나니
모두들 금술잔들어 萬壽無疆 외쳐보세

☞ 태어나자마자 부모님 없이 조부님, 형님과 자랐지만 독학으로 교대 졸업, 정부정책으로 군면제, 자식을 위해 울릉도 근무 자청하고 음주, 유머, 오락(동양화)으로 가족화합에 열정을 보여주신 삼촌 고희를 축하드리면서 시조를 지어봄

34. 칠순을 축하드리며

첩첩산중 양반고을 사랑받고 태어남에
하늘의 시샘인가 먹는 걱정 눈앞에
간난한 집안 세우자 월남 행 즐겁네.

아리따운 내색시 청산유수 정선밭
얻는 것은 십리길 쓰는 것은 천리 길
늘어난 토끼자식들 눈앞이 깜깜하네.

냉정한 한양사람 의리로 이겨내고
각박한 경제세상 근면으로 극복하고
숨 가쁜 식구저녁상 손맛으로 당기네.

이제사 사남매 웃음밥상 차려주니
한평생 서러움 썰물처럼 쓸려가고
오호라 내 아들딸들 수복강녕 누려보세

☞ 聘父(빙부) 칠순을 맞이하여 경북상주 출생, 월남참전, 강원도 정선, 한양에서 살아오신 人生旅程(인생여정)을 시조로 노래함

35. 그대가 있기에

그대가 이 세상에 있다는 사실을 알게 된 것이
벌써 강산이 두 번 바뀌었습니다.

그대를 하나 둘 알아 갈 때마다
그대는 신비롭고 멋진 사람이라는 것을 알게 되었습니다.

세상이 그대를 아무리 힘들게 하여도
그대는 늘 웃음으로 포용하였습니다.

세상이 그대에게 커다란 즐거움을 줄 때는
그대는 늘 고된 사람을 먼저 생각하였습니다.

그대가 세상에 있는 한
그 곁에 제가 늘 있겠습니다.

살아온 세월만큼 앞으로 더 살아야 하는 이유는
바로 사랑을 품고 가는 그대 삶을 더 보고 싶어서입니다.

☞ 수협 직장 이춘수 선배님의 회갑연을 '현대판으로 재조명 기획' 하여 시를 헌사함

36. 진리 사랑

권세(權勢)를 움켜잡고 세상에 태어나
오감(五感)을 자극하여 오상을 터득하니
면학(勉學)에 세상진리 별것이 없더라.

권하면 마시고 안주면 안 먹고
오라면 달려오고 가라면 기어가고
면목이야 있고 없고 천하가 내 것이네.

☞ 오감(五感): 시각(視覺), 청각(聽覺), 후각(嗅覺), 미각(味覺), 촉각(觸覺)
☞ 오상(五常): 사람으로서 지켜야 할 5가지 도리, 인(仁), 의(義), 예(禮), 지(智), 신(信)
☞ 같은 동네서 자라 초,중,고등을 함께 다니고 살짝 다른 K대로 헤어졌다가 같은 광산 노(盧)씨 집안으로 장가를 간 소꿉친구 권오면(權五勉)이의 명심보감 훈장 됨을 축하하면서.

37. 별 사랑

어릴 적
잔디에 누워
하늘의 별을 보았다
가질 수 없는 그 별
결국은 가슴에 묻었다.

서른쯤
버스 뒤에서
눈부신 별을 보았다
잡았다가 놓쳤다가
결국은 옆에 두게 되었다.

지천명
책상 앞에서
공직의 별을 보았다
달리고 달리다가
결국은 머리에 씌웠다.

☞ 특히 별을 사랑하며 감수성이 뛰어난 고향진구 강건구가 반려자 별, 관직의 별을 차례로 차지하는 것을 축하하면서

38. 은혼 빛 사랑

일천구백 구십일년 사월칠일 봄빛아래

홍릉 골 카이스트 활짝 핀 목련화
우리사랑 맞잡고 웃음꽃 피우니
멀리서온 친지친구 우리 미래 밝음 주네.

이천일십 일십육년 사월칠일 은빛아래

한밭 터 어은 골 황금빛 개나리
예쁜 지은 착한 종민 근심걱정 없애주니
오호라 행복하게 금혼 빛 향해 달려보세.

재주 많은 원숭이해 봄날에

☞ 결혼 25주년 은혼식을 맞이하여

39. 절기(節氣)와 행복

상긋한 입춘(立春)에 새싹은 돋아나고
대지는 우수(雨水)에 상쾌히 젖어지니
잠자던 경칩(驚蟄)개구리 만물을 뒤 흔드네.

시절 좋아 춘분(春分)이니 봄나들이 시작되고
하늘은 청명(淸明)이요 지축(地軸)은 청록(靑綠)이라
기다린 곡우(穀雨)빗물은 풍년을 예고하네.

눈부신 입하(立夏)햇빛 세상이 더워지니
보리는 소만(小滿)하고 마음은 흡족하자
거칠은 망종(芒種)보리는 끼니걱정 풀어주네

낮이 길어 하지(夏至)라 할 일은 많아지고
덮치는 소서(小暑)에 흰둥이 개 엎드리고
겁 없는 대서(大暑)무더위 시골농부 낮잠 자네.

향기로운 입추(立秋)는 만곡(萬穀)을 익게 하고
은혜로운 처서(處暑)는 사랑 정(情) 달궈주네
순 맑은 백로(白露) 흰 이슬 옥구슬 같구나.

낮밤은 추분(秋分)에서 치우침이 없어지고
욕심은 한로(寒露)에서 이슬처럼 없어지니
엄숙한 상강(霜降)첫서리 세상만사 편하네.

차디찬 입동(立冬)은 눈 추위 함께하니
새하얀 소설(小雪)에 강아지 날로 뛰고
눈부신 대설(大雪)함박눈 연인들 가슴 뛰네.

귀신은 동지(冬至)앞에 힘없이 물러가고
추위는 소한(小寒)에게 맥없이 물러가니
매서운 대한(大寒)추위도 소한만큼 못하네.

☞ 한자능력시험을 준비하면서 24절기를 쉽게 외우려고 시조 형식으로 작성하였음.

40. 석별(惜別)

衆鳥同枝宿 天明各自飛(중조동지숙 천명각자비)
人生亦如此 何必淚沾衣(인생역여차 하필루첨의)

새들은 모여서 같은 나무에서 잠을 자지만
날이 밝으면 모두가 뿔뿔이 흩어지는구나!
인생의 만남과 헤어짐도 그와 다를 바 없으니
어찌하여 그대는 눈물 흘려 옷깃을 적시나!

벚꽃 잎이 눈처럼 내려와 대지를 뒤덮어
차마 즈려 밟기가 아쉬운 봄을 느끼는 순간
4년이라는 세월이 백구과극(白駒過隙)처럼 지나갔습니다.

좀 더 편하게 모시지 못한 게 부끄럽지만
그 인품과 능력을 더욱 넓은 곳에서 펼치시어
웃음과 행복이 함께하는 삶이되시기를 기원합니다.

2013. 4. 10.

☞ 어느 선배님의 퇴임(退任)을 아쉬워하면서

41. 나의 인생, 나의 행복

임인년 호시절(好時節) 춘삼월 따스한 날
물이 달아 예천고을 산자수명(山紫水明) 보문면
의좋은 삼남이녀에 둘째로 태어나

웅장한 학가산(鶴駕山) 물 맑은 옥계천
사학년에 구구단 산수가 재미있자
어이야 부반장이니 애들이 좋아하네.

새벽엔 담배 엮고 늦은 밤엔 소꼴 먹여
옥천교선 송구선수 동네선 축구선수
여기가 별천지(別天地)이지 더 좋은 곳 못 보았네.

뒤로는 주마산(走馬山) 앞으론 낙동강
걸어서 이십 리 길 뛰어서 십오 리
머나먼 감천중학교 친구 있어 좋았네.

운이 좋아 경북고 유학길 고향생각
주중엔 형설지공(螢雪之功) 주말엔 야구응원
형님과 자취생활에 형제애 돋아나네.

머리단속 불평하다 자율화 외치자
삼학년에 웬말이냐 갑작스런 반장이
한순간 작위취득(爵位取得)이 내 인생 바꿔주네

내가 원한 경희대생 발걸음 가벼운데
해가 뜨면 캠퍼스 달이 뜨면 주막집
오히려 자유로움이 내 삶에 부담주네

오남매 옹기종기 방 두개에 모여서
한 끼는 김치찌개 또 한 끼는 라면으로
부잣집 산해진미도 이만은 못하리.

혼을 놓고 놀다보니 감악산(紺岳山)이 손짓하고
시간마다 얼 차례 계절마다 유격훈련
나태한 찌든 사회 물 말끔히 씻어주네

하늘이 도우샤 정든 교정 뒤로하고
카이스트 입사하여 새색시 만나니
철없는 총각인생을 멋지게 마쳐주네.

같은 직장 신랑신부 하루 종일 신혼생활
찾아보자 다른 직업 서로서로 뜻이 맞아
어여쁜 섬섬옥수(纖纖玉手)를 홀로이 남겨두고

새로이 둥지 튼 수협은행 날 반기고
점심밥상 대출고객 저녁술상 예금손님
만나는 사람 사람들 인간미 넘치네!

사람은 사랑이라 망우물은 정이라
사랑으로 찾아가고 정(情)으로 대하니
어떠한 근심걱정도 살아남지 못하네.

지금까지 오십년 앞으로도 오십년
더도 말고 덜도 말고 지금처럼 살았으면
무엇이 더 부러우랴 내 인생 최고인데!!!

☞ 시조형식으로 살아온 길을 더듬어 보았음

한자는 인생이다

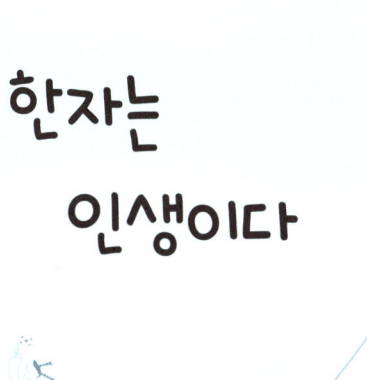

한자를 익히면서 가장 유익한 점은 한자를 통해
내 인생을 되돌아보게 되었다. 한자 하나하나의 의미는 물론
수많은 고사와 사례가 지나온 날의 반성과
미래에 대한 인생 설계에 매우 유익하게 다가왔다.
한자가 만들어진 과정과 자원풀이로 독자들과 재미를 함께하고 싶다.

"한자는 인생이다"

🫧 鰋(메기 언)

이 물고기(魚: 고기 어)를 먹으면 매일(日) 여자(女)를 방안(匚: 상자 방)에 가두어 둘 정도의 정열적인 고기(鰋)이다.

🫧 俎上肉(조상육)

도마(俎: 도마 조) 위(上)에 오른 고기(肉)
어찌할 수 없는 운명

🫧 청시(靑柿)가 숙시(熟柿)를 애도(哀悼)한다

감나무에서 떨어지는 홍시(紅柿)를 푸른 감(靑柿)이 애도함
헤어짐에 참으로 애통(哀痛)하지만 머지않아 나도 그 신세가 된다.

이 얼마나 함축된 멋진 말인가!
삶의 길잡이로서 지혜로운 촌철살인(寸鐵殺人)의 한 글귀는 늘 품고 살아야 한다. 그렇게 해야 인생의 쓴 맛을 볼 때에도 절대로 좌절하지 않고 성공에 도취될 때에도 결코 교만해지지 않는다.

유머를 익히고 시를 창작하면서 자연스럽게 한자에 관심을 갖게 되었다. 한자능력평가시험에서 최고 급수인 사범을 득하고 나아가 한자.한문지도사도 도전하여 특급을 취득하게 되었다. 이러한 과정을 통하여 사자성어나 한시에 집중하게 되었고 거기서 익힌 것을 시와 유머에 접목하니 소재와 얘깃거리가 풍부하게 되었다.

이 단원을 엮은 순서는
첫째는 재미로 푸는 한자 자원 풀이
한자를 공부할 때 한자가 만들어진 과정을 분석하면서 학습하니 흥미롭게 공부하게 되었다. 그런 중에 나만의 재미있는 글자를 발견하고 그것을 이번 기회를 통하여 전달해 보고 싶은 마음에 적게 되었다. 수험생 입장에서 한자를 익히는데 가장 쉬운 방법으로 설명했다고 여겨집니다.

둘째는 알아두면 힘이 되는 한자 숙어풀이
유머나 건배사를 통하여 적절한 한자 구성은 한껏 의사전달에 효율적이라고 생각됩니다. 어떠한 소통이든 간결하고 함축적인 것이 생명인데 그런 측면에서 한자 활용은 긴요하다고 할 것입니다. 여기 수록된 숙어는 한자 본연의 뜻과 내면적 뜻을 함께 풀이함으로써 실생활 활용 시 상당히 도움이 되리라 확신합니다.

셋째는 삶의 질을 높여주는 한자 문장풀이
유명한 한시나 삶의 격언이 될 만한 문장들을 모아 봤습니다. 삶이 고달플 때 조용히 문장을 읊어 보는 것만으로도 마음의 위안을 찾을 수 있는 것들을 엮어 보았습니다. 물론 모임 장소에서 멋지게 낭송해도 좋은 문장들이 많이 있습니다.

모름지기 현대에는 말 잘하는 사람이 대접받는 시대입니다. 말을 잘하려면 군더더기가 없는 쉽고 간결해야하며 그러기에는 뜻글자인 한자로 표현하면 더욱 효과적이라 생각됩니다. 한자를 알면 인생을 알게 되고 역사를 알면 미래가 보인다고 했습니다. 그렇게 되면 인생은 행복하게 됩니다.

　인생의 시간은 되돌릴 수는 없지만 지나간 일을 복기(復棋)할 수는 있습니다. 그 복기할 때 한자 사자성어나 명구절과 함께 하면 효과가 배가가 될 것입니다.

1. 재미로 푸는 한자 자원풀이

🌏 辛(매울 신)
선(立: 설 립) 상태로 십(十)자가에 있으니 인생이 맵다(辛).

🌏 幸(다행 행)
인생이 아무리 맵다(辛)하지만 한(一)번만 더 생각해 보면 행복(幸)해 진다.

🌏 言(말씀 언)
말(言)이란 머리(亠: 돼지해머리)로 두 번(二) 생각한 뒤에 입(口)을 열어야 비로소 말(言)이 된다.

☞ 구상인부(口傷人斧): 말(言)은 타인을 傷處(상처)내는 도끼

🌏 鰋(메기 언)
이 물고기(魚: 고기 어)를 먹으면 매일(日) 여자(女)를 방안(匚: 상자 방)에 가두어 둘 정도의 정열적인 고기(鰋)이다.

☞ 언어(鰋魚): 메기, 영어로는 Catfish(고양이 수염을 갖고 있는 물고기)

癡呆(치매)

癡呆의 종류에는 의심하는 등 기억력 상실 증세를 나타내는 알츠하이머, 감각 상실로 다리를 질질 끄는 파킨슨병 등 70여 종이 있다.
치(癡: 어리석을 치) 는 의심하는(疑: 의심할 의) 병(疒: 병들어 기댈 녁)인데 모르는 사람이 아니라 가까이 있는 짝(匹 짝 필: 疑의 부수)을 의심하는 병(癡)으로 알츠하이머에 해당 됨.
매(呆: 어리석을 매) 는 죽은 나무(木) 위에 입(口)이 살아 있는 병으로 다리는 불편하지만 입과 정신은 살아 있어 파킨슨병에 해당 됨.

☞ 보통 자라고 있는 나무는 樹(나무 수)
생명을 다하여 목재로 쓰이는 나무는 木(나무 목)

食(먹을 식)

사람(人)은 양심(良: 어질 량)을 먹고 살(食)아야 한다.

斌(빛날 빈) = 彬(빛날 빈)

사람이 文(문: 글월 문)과 武(무: 굳셀 무)를 갖추었으니 빛(斌)난다. 또한 머리 털(彡: 터럭 삼)이 수풀(林: 수풀 림)처럼 가지런히 빗겨져 있으니 얼굴이 빛(彬)이 난다.

☞ 贇(빈: 아름다울 빈): 斌(빈)에 돈(貝: 돈 패)을 더하니 아름다울(贇) 수밖에 없다. 따라서 학문과 무예를 갖추고 거기에 경제적으로 여유를 갖추어야 비로소 아름다운 인생이 된다.

壽(목숨 수)

士一工一口寸(사일공일구촌)으로 선비(士: 선비 사)로 한(一)평생 살거나 장인(工: 장인 공)으로 한(一)평생 살면 입(口)은 마디마디(寸: 마디 촌) 이어져 오랫동안 목숨(壽)을 이어갈 수 있다.

孝(효도 효)

어르신(老: 늙을 로)은 자녀(子)를 사랑의 막대기(ノ : 삐침 별)로 돌보고, 자녀(子)는 어르신(老)을 공경의 막대기(ノ)로 모시는 것을 효(孝)라 함.

親(어버이 친)

나무(木) 위에 서서(立: 설 립) 멀리 바라보고(見: 볼 견) 기다리는 사람은 어버이(親)이다.

愛(사랑 애)

손(爪: 손톱 조)으로 덮어주고(冖: 덮을 멱) 싶은 마음(心)이 서서히 다가오는(夂: 뒤져서 올 치) 것을 사랑(愛)이라 한다.
마음(心)과 마음(心)이 서로 마주보면서 포용(冖)함이 서서히 다가오는(夂) 것을 사랑(愛)이라 한다.

☞ 爱(愛의 간체자)는 현대의 중국인도 사랑(愛)에는 마음(心)이 사라지고 친구(友: 벗 우)로 변한 모습을 표현하고 있어 쓸쓸한 모습을 반영함.

恕(용서할 서)

여자(女)의 말(口)이 서로 같은(如) 마음(心)일 때가 진정으로 용서(恕)되는 것이다.

怒(성낼 노)

여자(女)가 다시 또(又)하면서 종(奴: 종 노)) 부리듯 하는 마음(心)은 성내는(怒) 것이다.

努(힘쓸 노, 노력할 노)

여자(女)가 또, 또(又) 힘쓰라고 할 때는 종(奴: 종 노)처럼 최대한 노력(努)해서 만족시켜 달라는 것이다.

敬(공경할 경)

진실한(苟: 진실로 구) 마음으로 채찍질(攵: 칠 복)하면 언젠가는 공경(敬)받게 된다.

聽(들을 청)

귀(耳)를 왕(王)처럼 활짝 열고 부릅(十)뜬 눈(目)으로 들으면 서로가 하나(一)의 마음(心)이 되는데 이것이 잘 듣는(聽) 것이다.

☞ 以聽得心(이청득심): 귀를 기울이면 사람의 마음을 얻을 수 있다.

廳(관청 청)

백성들의 여론을 잘 들어(聽)주는 집(广: 집 엄)이 바로 관청(廳)이다.

詩(시 시)

고요한 절(寺: 절 사)에서 나누는 절제된 말씀(言)이 詩(시)이다.

貧(가난할 빈)

돈(貝: 돈 패)을 헛되이 나누어(分: 나눌 분) 쓰면 가난(貧)해 진다.

☞ 貧者一燈(빈자일등): 가난한 사람이 바친 등불 하나. 가난 속에서 보인 작은 정성이 부유한 사람의 커다란 보시보다 가치가 있음.

貪(탐낼 탐)

누구나 지금(今: 이제 금) 눈앞에 있는 돈(貝: 돈 패)을 보면 탐(貪)을 내게 된다.

☞ 견물생심(見物生心): 물건을 보면 욕심이 생긴다.

生(살 생)

소(牛)가 외나무다리(一) 위를 걸어가는 것과 같이 조심히 가는 것이 삶(生)이다.

性(성품 성)

마음(忄)이 소(牛)가 외나무다리(一) 위를 걷듯이 남을 배려하면서 갖추어 가는 것이 성품(性)이다.

休(쉴 휴)

남자(亻)는 나무(木)에 기대서 쉰(休)다.

憩(쉴 게)

여자는 입(口)에서 천(千)가지 말을 만드는 혀(舌: 혀 설)를 자유자재(自)로 놀릴 때 마음(心)이 편안해져서 쉬(憩)는 것이다.

歇(쉴 헐)

무슨 일이든 다(曷: 다 갈) 하고 하품(欠)이 나오면 쉬고(歇) 싶어진다.

臭(냄새 취)

개(犬: 개 견)는 자신(自)의 코(自: 원래 코를 본뜬 글자임)로 냄새(臭)를 아주 잘 맡는다.

家(집 가)

보통 중국에서는 집(宀: 집 면)에 돼지(豕: 돼지 시)를 키우는 데서 집(家)이 유래되었다.

☞ 중국은 1층은 돼지, 2층은 사람이 살면서 위에서 음식 찌꺼기를 밑으로 버리면 돼지가 이를 먹고, 돼지는 뱀이 위로 올라가는 것을 막아줌. 따라서 뱀과 돼지는 상극으로 뱀띠와 돼지 띠는 궁합이 맞지 않다고 함.

呵(꾸짖을 가)

입(口)으로만 옳다(可) 옳다하는 사람은 꾸짖어야(呵) 한다.

嫁(시집갈 가)

여자(女)가 새로운 집(家)을 만나니 시집가(嫁)는 것이다.

姻(혼인할 인)

여자(女)가 커다란(大) 울타리(囗)를 만나니 혼인(姻)하는 것이다

婚(혼인할 혼)

여자(女)가 하루가 저물어(昏: 저물 혼))갈 때 새로운 성씨(氏)를 만나는 날(日)이니 혼인(婚)하는 것이다.

🌏 嫂(형수 수)

여자(女)가 나보다 나이 많은 늙은이(叟: 늙은이 수)와 같이 사는 여자는 형수(嫂)다.

🌏 渴(목마를 갈)

목에서 물(水)이 떨어지고 다(曷: 다할 갈)하면 목이 마르다(渴)

🌏 褐(갈색 갈, 누더기 갈)

옷(衣)이 오래되어 수명을 다(曷)하면 갈색인 누더기(褐)가 된다.

🌏 鯨(고래 경)

고기(魚) 중에 서울처럼 큰(京: 서울 경, 클 경) 역할을 하는 고기는 고래(鯨)이다.

🌏 競(다툴 경)

두 사람이 서서(立) 서로 자신이 형(兄)이라고 다투(競)는 모습이다.

🌏 警(경계할 경)

처음 만난 사람이 지나치게 공경(敬: 공경할 경)한다고 말(言)하면 경계(警) 해야 한다.

🌏 驚(놀랄 경)

공경(敬: 공경할 경)하라고 공경하라고 말(馬)에게 강요하면 말은 놀라(驚)게 된다.

姑(고모 고, 시어머니 고)

여자(女)가 오래(古: 오래 고)되면 자연스럽게 고모도 되고 시어머니(姑)도 된다.

枯(마를 고, 죽을 고)

어떠한 나무(木)도 오래(古: 오래 고)되면 마르게 되고 결국은 죽게(枯) 된다.

痼(고질병 고)

병(疒: 병들어 기댈 녁)이 오래(古)되어 사방이 에워 쌓인(囗) 상태라 고치기 어려운 고질병(痼)상태임.

狂(미칠 광)

개(犭: 개 견)가 동물 중에서 자기가 왕(王)이라고 하니 미친(狂) 짓이다.

嬌(아리따울 교, 교태부릴 교)

여자(女)가 최고로 높은(喬: 높을 교) 아름다움을 보이려면 교태(嬌)도 부릴 줄 알아야 한다.

驕(교만할 교)

사람이 말(馬)을 타서 높은(喬: 높을 교)데서 내려다보면 교만(驕)해지기 쉽다.

詭(속일 궤)

말(言)로써 남을 위태(危: 위태할 위)하게 하는 것은 속이는(詭) 것이다.

兢(굳셀 긍, 조심할 긍)

인생에서 이기고(克: 이길 극) 또 이기려면(克) 굳세기도 하고 조심(兢)하기도 해야 한다.

亂(어지러울 란)

새(乙: 새을)가 성(冂: 멀 경) 안과 밖에서 손(爪: 손톱 조)과 손(又: 오른손 우)으로 사사로이(厶: 사사 사) 마주쳐 자주(又) 싸우니 어지럽다(亂).

難(어려울 난)

진흙(堇: 진흙 근) 속에 빠진 새(隹: 새 추)는 날기가 어렵다(難).

尿(오줌 뇨)

마신 물(水)이 죽어서(尸: 주검 시) 나오는 물이 오줌(尿)이다.

糞(똥 분)

입으로 먹은 쌀(米: 쌀 미)이 나올 때 다르게(異: 다를 이) 변하여 나오는 것이 똥(糞)이다.

多(많을 다)

달(月)이 뜨기 직전 하나(一)가 모자란 상태가 저녁(夕: 저녁 석)인데 그 저녁과 저녁이 합쳐지면 많은(多) 시간이 흘러가게 된다.

侈(사치할 치)

사람(人)이 많은 것을 가지면 결국 많이(多) 쓰게 되니 사치(侈)가 된다.

巫(무당 무)

하늘(一)에 있는 사람(人)과 땅(一)에 있는 사람(人)을 연결(| : 뚫을 곤)해 주는 것이 무당(巫)이다.

靈(영혼 령, 신령 령)

비(雨) 오는 날 입(口) 세 개로 무당(巫: 무당 무)을 불러오는 영혼은 신령(靈)이다.

誣(속일 무)

말(言)을 떠벌리는 무당(巫: 무당 무)은 결국 뭔가를 속이기(誣) 위한 것이다.

類(무리 류, 비슷할 류)

쌀(米) 밥을 보고 달려드는 개(犬: 개 견)의 머리(頁: 머리 혈)는 무리지어 있어서 서로 비슷(類)하다.

🌏 慄(두려워할 률)

마음(忄)이 밤(栗: 밤나무 률))송이 같은 사람은 두려움(慄)의 대상이 된다.

🌏 寞(쓸쓸할 막)

집(宀: 집 면)에 아무도 없으면(莫: 없을 막) 쓸쓸(寞)하다.

🌏 漠(사막 막)

물(氵)이 없는(莫: 없을 막) 곳이 사막(漠)이다.

🌏 娩(해산할 만)

여자(女)의 고생을 최고로 면(免: 면할 면)해 주는 것은 해산(娩)하는 것이다.

🌏 晩(저물 만)

해(日)가 낮을 밝힐 의무가 면(免)해 지니 저물어(晩) 가는 것이다.

🌏 鳴(울 명)

새(鳥: 새 조)는 입(口)만 벌리면 운다(鳴).

🌏 烏(까마귀 오, 탄식할 오)

새(鳥)의 눈을 하나(一) 빼니 온 세상이 까맣게 보이고 자기도 까맣다고 탄식하는 새가 까마귀(烏)다.

島(섬 도)
새(鳥)가 멀리 날아가다가 다리(灬)를 감추고 산(山)이 있는 곳에서 쉬는데 바로 섬(島)이다.

慕(그리워할 모, 사모할 모)
멀리 떨어져서 없는(莫: 없을 막) 사람을 마음(心) 속으로 그리워하는 것은 사모(慕)하는 것이다.

暮(저물 모)
없어져(莫: 없을 막) 가는 해(日)를 바라보는 것은 저물어(暮) 가는 것이다.

朦(흐릴 몽)
달(月)이 아직 밝지 못하고 어두운(蒙: 어두울 몽) 것은 흐리다고(朦)할 수 있다.

朧(흐릿할 롱)
달(月)이 있든 없든 용(龍: 용 용)의 모습은 상상의 동물이라 흐릿(朧)하게 보인다.

妙(예쁠 묘, 묘할 묘)
여자(女)는 적고(少) 젊을 때가 예쁘기도 하고 묘(妙)하게 보이기도 한다.

蜜(꿀 밀)

집(宀: 집 면) 밑에 반드시(必: 반드시 필) 벌레(虫: 벌레 충)가 생기는 것은 꿀(蜜)이 있기 때문이다.

縛(묶을 박)

실(糸)을 크게(甫: 클 보) 펴서 마디(寸)를 묶는다(縛).

法(법 법)

물(水)이 위에서 아래로 자연스럽게 흘러가듯이 사회도 그렇게 흘러가도록(去: 갈 거) 해 주는 것이 법(法)이다.

辨(분별할 변)

인생 매운(辛: 매울 신) 맛을 본 두 사람이 다툴 때는 칼(刂: 칼 도)로 자르듯 둘을 분별(辨)해 주어야 한다.

辯(말 잘할 변, 변론할 변)

인생 매운(辛: 매울 신) 맛을 본 두 사람이 다툴 때는 말(言) 잘 하는 사람이 변론(辯)해서 정리해 주어야 한다.

辦(힘쓸 판, 판별할 판)

인생 매운(辛: 매울 신) 맛을 느낀 두 사람이 다툴 때는 힘(力)을 써서 판별(辦)해 주어야 한다.

💧 寶(보배 보)

집(宀: 집 면)에 있는 구슬(王: 구슬옥)은 돈(貝: 돈 패)과 함께 장군(缶: 장군 부)에 담아서 보배(寶)로 소중히 여긴다.

💧 婦(며느리 부)

여자(女)가 비(帚: 비 추)를 들고 청소하는 사람은 보통 며느리(婦)이다.

💧 掃(청소할 소)

손(手)에 비(帚: 비 추)를 들고 다닌다는 것은 청소(掃)를 하는 것이다.

💧 傅(스승 부)

사람이 크게(甫: 클 보) 되고 법도(寸: 마디 촌) 잘 지키라고 하는 사람은 진정한 나의 스승(傅)이다.

💧 雰(안개 분)

하늘의 비(雨)가 내리면서 분리(分)되어지니 안개(雰)가 된다.

💧 粉(가루 분)

쌀(米)을 나누고 나누면(分) 마지막엔 가루(粉)가 된다.

💧 紛(어지러울 분)

실(糸: 실 사)이 여러 갈래로 나누어(分)지면 어지러워(紛) 진다.

🌀 妃(왕비 비)

여자(女)를 자기(己: 자기 기)대하듯 대하면 왕비(妃)가 된다.

🌀 婢(하녀 비)

여자(女)를 낮게(卑: 낮을 비) 취급하면 하녀(婢)가 된다.

🌀 批(비판할 비)

손(扌) 위에 올려놓고 나란히 견주어(比: 견줄 비) 보는 것이 비판(批)이다.

🌀 蜚(메뚜기 비)

원래는 멀리 날 수 있음에도 점차 날지 아니(非)하여 지금은 주위만 돌아다니는 벌레(虫)가 메뚜기(蜚)다.

🌀 誹(비방할 비)

옳은 말(言)을 아니다아니다(非)하면 비방(誹)한다는 말만 듣게 된다.

🌀 乍(잠깐 사)

사람(人)의 나이는 하나(丨: 뚫을 곤) 둘(二)하는 잠깐(乍) 사이에 흘러 가버린다.

🌀 詐(속일 사)

말(言)로써 남을 잠깐(乍) 사이에 전달하는 것은 속이기(詐) 위한 것이다.

作(지을 작)

사람(人)이 마음만 잡으면 무엇이든 잠깐(乍: 잠깐 사) 사이에 지을(作) 수 있다.

昨(어제 작)

하루(日)가 잠깐(乍: 잠깐 사) 사이에 지나가니 바로 어제(昨)가 되어버린다.

炸(터질 작)

어떠한 불(火)도 막지 못하며 잠깐(乍: 잠깐 사) 사이에 터져(炸)서 큰 불이 된다.

砂(모래 사)

돌(石)이 부서지고 부서져 작아(少)지면 결국은 모래(砂)가 된다.

思(생각할 사)

밭(田: 밭 전)에 나가면 어떻게 마음(心)을 써야 가족이 편하게 살지 생각(思)이 많아진다.

孀(과부 상)

여자(女)가 어린 나이에 서리(霜: 서리 상)를 맞는 것은 청상과부(孀)가 되는 것이다.

🌐 **犧(희생 희)**

소(牛)나 양(羊)이나 빼어난(秀) 것은 창(戈: 창 과)에 희생(犧)되기 쉽다.

🌐 **牲(희생 생)**

소(牛)는 살아서는(生: 살 생) 농사 일로 희생(牲)되기만 한다.

🌐 **誓(맹세할 서)**

손가락을 꺾어서(折: 꺾을 절) 다짐을 하는 말(言)이 맹세(誓)하는 것이다.

🌐 **鮮(싱싱할 선)**

물고기(魚: 고기 어)가 양(羊)같이 순할 때가 싱싱(鮮)할 때이다.

🌐 **舌(혀 설)**

천(千)가지의 입(口)을 가졌다는 말은 혀(舌) 때문이다.

🌐 **省(살필 성)**

작은(少: 적을 소) 물체를 보려면 눈(目: 눈 목)을 크게 뜨고 살펴야(省) 한다.

🌐 **察(살필 찰)**

집(宀: 집 면)에서 제사(祭: 제사 제)를 지낼 때에는 집이 깨끗한지, 음식이 신선한 지를 살펴야(察) 한다.

笑(웃을 소)

대나무(竹)가 쫙 쪼개지듯이 요절(夭: 젊어죽을 요) 정도로 크게 소리 내어야 웃는(笑) 것이다.

騷(시끄러울 소)

말(馬)이 벼룩(蚤: 벼룩 조)처럼 자기 몸체 몇 배로 날뛰면 시끄럽다(騷).

蘇(깨어날 소)

모든 병은 채소(艹: 풀 초)와 생선(魚: 고기 어)과 밥(禾: 벼 화)을 먹으면 깨어날(蘇) 수 있다.

羞(부끄러울 수)

양(羊)이 삐쳐서(丿: 삐침 별) 소(丑: 소 축)를 쳐다보니 소가 부끄러워(羞) 한다.

讐(원수 수)

새(隹: 새 추) 두 마리가 서로 마주보고 말(言)로 다투는 것을 보니 원수(讐)지간이다.

信(믿을 신)

사람(亻)은 자신이 한 말(言)은 지켜야 믿음(信)이 있다.

癌(암 암)
입(口)이 세 개여서 할 말이 많은데 산(山)에) 가두어서 생긴 병(疒: 병들어 기댈 녘)이 암(癌)이다.

臆(가슴 억, 생각 억)
몸(月) 속 깊숙이 뜻(意: 뜻 의)을 둔다면 그 곳은 가슴(臆)이다.

憶(기억할 억)
마음(心) 속 깊숙이 뜻(意: 뜻 의)을 둔다는 것은 오래 기억(憶)한다는 것이다.

諺(속담 언)
말(言)을 선비(彦: 선비 언)처럼 잘 하려면 속담(諺)을 많이 활용해야 한다.

宴(편안할 연, 잔치 연)
집(宀: 집 면)에 매일(日) 여자(女)가 있으면 편안하고 잔치(宴)를 벌이는 기분이다.

娟(예쁠 연)
여자(女)가 입(口)의 말씨와 몸매(月)의 맵씨가 갖추어지면 예쁜(娟) 여자다.

💧 譽(칭찬할 예, 명예 예)

여러 사람으로부터 더불어(與: 더불어 여) 말(言)로 칭찬 받으면 명예(譽)롭다.

💧 獄(감옥 옥)

큰 개(犭)와 작은 개(犬)가 말(言)소리가 들리는지 좌우에서 지켜보는 곳이니 감옥(獄)이나 다름없다.

💧 訛(거짓말 와)

말(言)이라는 것이 자꾸 변화(化: 변할 화)를 주면은 거짓말(訛)이 된다.

💧 渦(소용돌이 와)

물(水)이 비뚤비뚤(咼: 비뚤어질 와) 흐르게 되면 소용돌이(渦)가 일어난다.

💧 歪(비뚤어질 왜)

아닌(不) 것을 바른(正) 것이라고 하니 뭔가 비뚤어진(歪) 것이다.

💧 倭(왜국 왜)

여러 나라 사람(人) 중에 곡식(禾: 벼 화)과 여자(女)를 함께 맡기(委: 맡길 위)는 나라는 왜국(倭)이다.

矮(키 작을 왜)

화살(矢: 화살 시)을 맡길(委: 맡길 위) 때에는 표적이 되지 않는 키 작은 사람(矮)이 유리하다.

憂(걱정할 우)

머리(頁: 머리 혈)와 마음(心)이 뒤쳐져 오니(夂: 뒤져 올 치) 걱정(憂)이 일어난다.

優(넉넉할 우)

사람(人)은 조금 부족하다고 걱정(憂: 걱정할 우)하면서 사는 것이 오히려 넉넉(優)하게 사는 방법이다.

僞(속일 위)

사람(人)이 하는(爲: 할 위) 행위는 인위적이라서 속임(僞)이 많다.

媛(예쁠 원)

여자(女)는 당겨(爰: 당길 원)지고 싶은 여자가 예쁜(媛) 여자다.

誘(유혹할 유)

말(言)을 빼어나게(秀: 빼어날 수)해 오면 유혹(誘)하는 것이다.

意(뜻 의)

소리(音: 소리 음)를 자주하게 되면 마음(心) 속에 쌓여 뜻(意)이 되어 진다.

認(알 인)

말(言이)란 끝까지 참고(忍: 참을 인) 들어야 뜻을 알게(認) 된다.

溢(넘칠 일)

물(水)이 더해지고 더해지면(益: 더할 익) 넘쳐나기(溢) 마련이다.

炙(고기구울 자)

고기(月) 밑에 불(火)을 피우니 고기가 구어(炙)진다.

雀(참새 작)

가장 작은(小) 새(隹: 새 추)는 참새(雀)이다.

鵲(까치 작)

어제(昔: 어제 석)가 설 날인 새(鳥: 새 조)는 까치(鵲)이다.

☞ "까치 까치 설 날은 어저께고요."에서 응용.

殘(잔인할 잔)

죽어서 부서진 뼈(歹: 부서진 뼈 알)를 창(戈: 창 과)으로 찌르고 찌르니 잔인(殘)하다.

暫(잠깐 잠)

무엇이든 베(斬: 벨 참)는 데는 하루(日)도 짧은 잠깐(暫)이다.

🌼 臧(숨을 장)

나뭇조각(爿: 나뭇조각 장)과 창(戈: 창 과)속에 신하(臣: 신하 신)를 숨기니(臧) 완벽하다.

🌼 藏(감출 장)

풀(艹) 속에 숨기니(臧: 숨을 장) 더욱 완벽히 감추게(藏) 된다.

🌼 贓(장물 장)

돈(貝: 돈 패)을 숨겨(臧: 숨길 장) 놓으면 대부분 장물(贓)이다.

🌼 臟(오장 장)

몸(月)속에 감춰(藏: 감출 장)놓은 것 중 제일 중요한 것은 오장(臟)이다.

☞ 五臟(오장): 肝臟(간장), 心臟(심장), 腎臟(신장), 脾臟(비장), 肺臟(폐장)

🌼 腑(육부 부)

몸(月) 속에서 관청(府: 관청 부)의 역할을 하는 것은 육부(腑)이다.

☞ 六腑(육부): 大腸(대장), 小腸(소장), 胃(위), 膽(담, 쓸개), 膀胱(방광), 三焦(삼초)

🌼 腐(썩을 부)

관청(府: 관청 부)의 고기(肉: 고기 육)는 주인이 없어서 썩기(腐)가 쉽다.

賊(도적 적)

돈(貝: 돈 패)을 갖기 위하여 열(十) 종류의 창(戈: 창 과)을 갖고 다니는 사람은 도적(賊)이다.

政(정치 정)

바르게(正: 바를 정) 되도록 채찍질(攵: 칠 복)을 하는 것이 정치(政)다.

停(머무를 정)

사람(人)은 옆에 정자(亭: 정자 정)가 있으면 머무르고(停) 싶다.

調(조화 조)

말(言)을 하면서 두루(周: 두루 주) 잘 들으면 조화(調)롭게 된다.

職(벼슬 직)

귀(耳)로 백성의 소리(音: 소리 음)를 잘 들으며 창(戈: 창 과)에 찔릴 각오를 하고 벼슬(職)을 맡아야 한다.

塵(먼지 진)

사슴(鹿: 사슴 록)이 땅(土)위에서 뛰어다니면 먼지(塵)가 나게 된다.

疾(빠를 질, 병 질)

병(疒: 병질 엄)이란 것은 화살(矢: 화살 시)처럼 빨리 전염(疾) 된다.

🌑 嫉(투기할 질)

여자(女)가 가장 빠르게(疾: 빠를 질) 반응하는 것은 질투(嫉)이다.

🌑 差(다를 차)

羊(양)을 아무리 비켜서(丿: 삐침 별) 봐도 工(장인 공)과는 확연히 다르다(差)

🌑 尖(뾰족할 첨)

위는 작고(小) 아래는 크니(大) 전체적으로 뾰족(尖)하다.

🌑 鰍(미꾸라지 추)

물고기(魚: 물고기 어) 중에 가을(秋: 가을 추)을 대표하는 물고기가 미꾸라지(鰍)이다.

🌑 醜(추할 추)

술(酉: 술 유)은 귀신(鬼: 귀신 귀)이 먹어도 추(醜)해 보인다.

🌑 鍼(바늘 침)

쇠(金: 쇠 금)를 다(咸: 다 함) 갈고 갈면 바늘(鍼)이 된다.

🌑 吐(토: 토할 토)

입(口)을 땅(土)에 닿는 것은 토(吐)할 때이다.

🌀 特(특별할 특)

소(牛)가 절(寺: 절 사)에 있는 것은 아주 특별(特)한 경우이다.

🌀 品(품성 품)

사람의 말(口)이 쌓이고(口) 쌓이면(口) 품성(品)이 된다.

🌀 偕(함께 해)

사람(人)이 다(皆: 다 개) 같이 있는 것은 함께(偕) 살아가는 것이다.

🌀 諧(화합할 해)

말(言)로써 서로 다(皆: 다 개) 함께 하면 화합(諧)하게 된다.

🌀 豪(호걸 호)

높은 곳(高: 높을 고)에서 놀고 있는 돼지(豕: 돼지 시)는 분명 호걸(豪)일 것이다.

🌀 濠(웅덩이 호)

물(氵)옆에 호걸(豪: 호걸 호)이 살고 있다면 그 물은 웅덩이(濠)로 되어 있다.

🌀 壕(구덩이 호)

흙(土) 옆에 호걸(豪: 호걸 호)이 살고 있다면 그 흙은 구덩이(壕)로 위장되어 있을 것이다.

膾(회 회)
고기(月)가 모일(會: 모일 회)때마다 즉시 먹는 것이 회(膾)이다.

戱(희롱할 희)
호랑이(虍: 호랑이 호)가 콩(豆: 콩 두) 줄까 창(戈: 창 과)줄까하는 것은 희롱(戱)하는 것이다.

같은 모양이 2개인 한자
다(多): 많을다. 다다익선(多多益善) 다정다감(多情多感) 파다(播多)
가(哥): 소리가, 노래가(= 歌)
림(林): 수풀림. 삼림(森林) 유림(儒林)
긍(兢): 조심할긍. 긍긍업업(兢兢業業) 전전긍긍(戰戰兢兢)
쌍(双=雙): 쌍쌍. 쌍견(双肩) 쌍벽(双璧) 무쌍(無双)
경(競): 다툴경. 경선(競選) 경영(競泳) 경매(競賣)
악(㗊=愕): 놀랄악. 악몽(㗊夢) 악악(㗊㗊)

같은 모양이 3개인 한자
효(晶): 나타날효
굉(轟): 울릴굉. 굉음(轟音)
뢰(磊): 돌무더기뢰. 뇌락(磊落)
삼(彡): 터럭삼
삼(森): 수풀삼. 삼삼(森森) 삼라만상(森羅萬象) 삼엄(森嚴)
염(焱): 불꽃염
묘(淼): 물넓을묘. 묘묘(淼淼)
정(晶): 수정정. 결정(結晶) 수정(水晶)

촉(矗): 곧을촉. 촉립(矗立) 촉촉(矗矗) 촉석루(矗石樓)
추(麤): 거칠추. 추미(麤米) 추악(麤惡)
충(蟲): 벌레충. 충의(蟲蟻: 벌레와 개미) 충치(蟲齒) 곤충(昆蟲)
취(毳): 솜털취. 취모(毳毛)
품(品): 물건품. 물품(物品) 성품(性品)
분(犇): 달아날분. 분궤(犇潰)

2. 알아두면 힘이 되는 한자 숙어풀이

🌏 鷄肋(계륵)
　닭의 갈비
　큰 소용은 못 되나 버리기는 아까운 사물

🌏 股肱之臣(고굉지신)
　팔과 다리처럼 중요한 신하

🌏 狗尾續貂(구미속초)
　개 꼬리로 담비 꼬리를 이음
　관직을 함부로 줌

🌏 狗猛酒酸(구맹주산)
　술집 개가 사나우면 술이 시어짐
　리더가 아무리 능력과 비전을 제시해도 부하의 도움이 없으면 일을 할 수 없다

🌏 肯綮(긍경)
　뼈에 붙은 살과 힘줄
　사물의 가장 긴요한 곳

崎嶇(기구)
산길이 험함
세상살이가 순탄치 못하고 가탈이 많음

落膽(낙담)
간이 떨어짐
일이 실패로 돌아가 갑자기 마음이 상함

狼狽(낭패)
계획하거나 기대한 일이 실패하거나 어긋나 딱하게 됨

☞ 랑(狼)과 패(狽)는 이리의 일종으로서 랑(狼)은 앞다리가 길고 뒷다리가 짧으며, 패(狽)는 그와 반대여서 나란히 걷다가 사이가 벌어지면 균형을 잃고 넘어 진다에서 유래함

露骨(노골)
뼈를 드러냄
숨기지 않고 있는 그대로 드러냄

老益壯(노익장)
늙을수록 더욱 씩씩함
나이가 들어도 젊은이다운 패기가 있는 경우

壟斷(농단)
땅이 높이 솟은 곳
이익을 독점함

☞ 어떤 장사꾼이 높은 곳에서 시장을 내려다보고 시세를 파악한 다음 이익을 독차지함

籠城(농성)
성문을 굳게 닫고 지킴
어떠한 목적을 달성하기 위하여 한 곳에 틀어박혀 버티는 일

簞食豆羹(단사두갱)
도시락에 담은 밥과 그릇에 담은 국
변변치 못한 음식

斷腸(단장)
창자를 끊음
창자가 끊어질 듯한 슬픔이나 괴로움

屠龍之技(도룡지기)
용을 죽이는 기술
세상에 쓸데없는 기술: 용이 세상에 없는 동물이므로 가치가 없음

讀書三到(독서삼도)
숙독에는 심도(心到), 안도(眼到), 구도(口到)가 필요함
글의 참 뜻을 이해하려면 마음과 눈과 입을 오로지 글 읽기에 집중해야 함

冬扇夏爐(동선하로)
겨울 부채와 여름 화로
때에 맞지 않아 쓸데없는 사물

凍足放尿(동족방뇨)
언 발에 오줌 누기
한 때 도움이 될 뿐 곧 더 나쁘게 되는 일

得魚忘筌(득어망전)
물고기를 잡으면 통발을 잊어버림
목적을 달성하면 그간의 과정이나 방법 등을 잊어버림

滿身瘡痍(만신창이)
온 몸이 상처투성이
어떤 일이 아주 엉망임을 비유

網羅(망라)
물고기 잡는 그물과 새를 잡는 그물
널리 빠짐없이 모음

忘憂物(망우물)
근심을 잊게 해주는 물건
'술'을 지칭

矛盾(모순)
창과 방패
말이나 행동의 앞뒤가 서로 맞지 않음

🌐 尾生之信(미생지신)

미생이 애인과 다리 밑에서 만나기로 약속했는데 강물이 불어도 끝까지 머무르다가 익사함

☞ 두 가지 해석
 史記: 약속의 중요성을 강조하면서 '신의(信義)의 본보기'
 莊子: 하찮은 명분에 사로잡혀 목숨을 가벼이 여겨 '본성을 망각'

🌐 磐石(반석)

넓고 편평한 바위
아주 믿음직하고 든든함

🌐 百八煩惱(백팔번뇌)

불교에서 이르는 108가지의 번뇌
六官(눈,코,귀,입,몸,뜻)에 苦樂(고,락,불고불락)을 곱하니 18가지가 되고, 여기에 貪(탐, 무탐)이 있어 36가지가 되는데, 이에 다시 時間(과거, 현재, 미래)을 반영하면 108가지가 됨

🌐 碧昌牛(벽창우 ⇒ 벽창호)

미련하고 고집이 센 사람.
평안북도 벽동(碧潼).창성(昌城) 지방에서 자란 소가 특히 크고 억센데서 온 말

🌐 釜中生魚(부중생어)

가난하여 밥을 짓지 못하여 솥 안에 물고기가 생김
매우 가난함

🌏 不恥下問(불치하문)

자기보다 아래인 사람에게 묻는 일을 부끄러워하지 아니함

🌏 不必親校(불필친교)

상사가 모든 일을 직접 챙겨서는 안 됨

🌏 脾胃(비위)

脾臟(지라)과 胃腸(위)
좋고 언짢음을 느끼는 기분

☞ 비장과 위장이 약한 사람은 역겨운 음식을 보면 토하게 되는데서 유래

🌏 嚬蹙(빈축)

불쾌하게 여겨 얼굴을 찡그림
비난 또는 나쁜 평판

🌏 四百四病(사백사병)

불교에서 인간의 病(병)은 모두 합쳐서 404가지가 있다
地(지), 水(수), 火(화), 風(풍) 각각 101가지씩 하여 404가지임

🌏 算筒(산통)

산가지를 넣은 통
장님이 점칠 때 쓰는 산가지 통

三枝之禮(삼지지례)
새 가운데서 예의를 아는 비둘기는 어미가 앉는 가지로부터 아래로 셋째 가지에 앉는다
부모에 대한 지극한 효성

曙光(서광)
새벽에 비치는 빛
앞길의 희망적인 징조

雪辱(설욕)
승부 따위에 이김으로써 전에 패배했던 부끄러움을 씻어내고 명예를 되찾음

松茂栢悅(송무백열)
소나무가 무성함을 잣나무가 기뻐한다
벗이 잘 됨을 기뻐함

食言(식언)
말을 먹음
약속한 말을 지키지 아니함

雙璧(쌍벽)
두 개의 구슬
여럿 가운데서 우열을 가릴 수 없게 특히 뛰어난 둘

🌀 **齷齪(악착)**
작은 일에 구애하여 아득바득 다툼
도량이 좁고 억지스러움

🌀 **軋轢(알력)**
수레가 삐걱거림
서로 사이가 벌어져 다툼

🌀 **野壇法席(야단법석)**
야외에서 자리를 마련하여 부처님의 말씀을 듣는 모습
수많은 사람이 모여 어수선하고 무질서한 모습을 일컬음

🌀 **野合(야합)**
부부 아닌 남녀가 서로 정을 통함
좋지 못한 목적으로 서로 어울림

🌀 **若烹小鮮(약팽소선)**
큰 나라를 다스리는 자는 작은 生鮮(생선)을 삶는 것과 같음
작은 생선은 자주 뒤집으면 먹을 게 없다

☞ 때로는 간섭 말고 내버려 두는 것이 사랑이다

🌀 **吮疽之仁(연저지인)**
종기의 고름까지도 빨아 주는 사랑

烏鷺(오로)

까마귀와 백로
'바둑'의 美稱(미칭): 까마귀는 검은 돌, 백로는 흰 돌에 비유

玩物喪志(완물상지)

물건을 가지고 놀다보면 큰 뜻을 잃음
물질에 집착하면 꿈을 잃게 된다

刖趾適屨(월지적구)

발뒤꿈치를 잘라 신에 맞춤
잘 해 보려던 일이 도리어 나빠짐

幽明(유명)

어두움과 밝음
저승과 이승

理判事判(이판사판)

승려의 본분인 參禪(참선)을 통한 수행에 힘쓰는 理判僧(이판승)과
사찰의 사무나 노역에 종사하는 事判僧(사판승)을 합쳐서 부르는 말

☞ 抑佛崇儒(억불숭유) 정책을 국시로 삼았던 조선 후기에 이판승이 되건 사판승이 되건 '인생 끝장'이라는 말로 변질

日暮途遠(일모도원)

날은 저물고 갈 길은 멀다

倒行逆施(도행역시)
그래서 도리에 어긋난 일을 한다

☞ 오나라에서 권력을 잡은 오자서가 부와 형을 죽인 초나라 평왕의 시체에 태형을 가하면서 한 말

前轍(전철)

앞서 지나간 수레바퀴의 자국
앞사람의 실패의 경험

正鵠(정곡)

과녁의 중심
목표 또는 핵심

俎上肉(조상육)

도마 위에 오른 고기
어찌할 수 없는 운명

螽斯(종사)

여치가 한 번에 99개의 알을 깜
부부가 화합하고 자손이 번창 함

🌼 **桎梏(질곡)**
　차꼬와 手匣(수갑)
　자유를 가질 수 없게 속박함

🌼 **斟酌(짐작)**
　술을 잔에 따름
　사정, 형편 등을 어림쳐 헤아림

🌼 **蹉跌(차질)**
　발을 헛디뎌 넘어짐
　하던 일이 틀어짐

🌼 **抽籤(추첨)**
　제비를 뽑음
　당첨을 결정함

🌼 **秋波(추파)**
　가을철의 잔잔하고 아름다운 물결
　여자가 은근한 정을 나타내는 눈짓

🌼 **吐哺握髮(토포악발)**
　식사를 하는 도중에 음식물을 뱉어내고, 머리를 감는 중에 머리카
　락을 거머쥐고 찾아 온 손님을 맞이함
　인재를 발굴함에 있어 지극정성으로 사람을 대함

💧 **破鏡(파경)**
깨어진 거울
부부의 인연이 끊어짐

💧 **波紋(파문)**
수면에 이는 물결의 무늬
어떤 일로 말미암아 주위를 동요시킬 만한 영향

💧 **破釜沈舟(파부침주)**
밥 지을 솥을 깨뜨리고 타고 갈 배를 가라앉힘
결사적 각오로 싸우겠다는 굳은 결의

💧 **八等身(팔등신): 八頭身에서 유래**
신장이 머리 길이의 여덟 배가 되는 몸

💧 **烹頭耳熟(팽두이숙)**
머리를 삶으면 귀까지 익음
중요한 것만 해결하면 나머지 것은 저절로 해결됨

💧 **肺腑(폐부)**
허파와 육부
중요하고 요긴한 곳

💧 **匍匐(포복)**
기는 것, 땅에 배를 대고 김

風飛雹散(풍비박산)

바람이 세차게 불고 우박이 날리다
사방으로 날아 흩어져 하던 일이 엉망이 되다

下馬評(하마평)

관리를 태워 온 마부들이 상전이 관아에 들어가는 것을 보면서 상전들에 대하여 서로 評(평)하였다는 데서 유래

涸澤之蛇(학택지사)

물이 마른 연못을 脫出(탈출)하기 위하여 큰 뱀이 작은 뱀을 등에 업고 가는 것을 보고 사람들이 건들지 않아 무사히 이동 할 수 있었다는 고사

☞ 윗사람이 아랫사람을 떠받드는 것이 결국 생존에 도움이 된다
섬김은 리더의 필수 조건

亢龍有悔(항룡유회)

끝까지 올라 간 용은 후회함

⇒ 龍(용)의 종류
潛龍(잠용): 못에 잠겨 있음, 덕을 쌓아 가는 단계
見龍(현룡): 현세에 나타남, 명성이 알려지는 단계
飛龍(비룡): 왕위에 오름, 인생의 황금기
亢龍(항룡): 마지막까지 오름, 교만

解憂所(해우소)
근심을 해결해 주는 장소
'화장실'을 지칭

混沌(혼돈)
사람은 7개구멍이 있어 보고, 듣고, 먹고, 숨을 쉬는데 혼돈은 구멍이 하나도 없다. 그래서 은혜를 입은 사람들이 날마다 1개씩 구멍을 뚫어주자 죽어버렸다

☞ 잘 해준다고 뚫어 준 구멍 때문에 죽었다
혼돈의 인생이 질서정연한 인생보다 더 아름답다

紅爐點雪(홍로점설)
불이 빨갛게 타고 있는 화로 위에 떨어지는 한 점의 눈
큰 일에 있어 작은 일은 아무 보람도 되지 못함

膾炙(회자)
회와 구운 고기
널리 사람들의 입에 오르내림

橫說竪說(횡설수설)
조리가 없는 말을 함부로 지껄임

3. 삶의 질을 높여주는 한자 문장풀이

🌀 고 능선(백범 김구 스승)

得樹攀枝無足奇(득수반지무족기)
가지 잡고 나무에 오르는 것은 기이한 것이 아니나
懸崖撒手丈夫兒(현애철수장부아)
벼랑에 매달려 잡은 손을 놓는 것이 가히 장부로다.

☞ 백범일지에 보면 고 능선이 백범의 우유부단함, 곧 과단성이 부족한 것을 염려하여 '항상 무슨 일이나 밝히 보고 잘 판단하여 놓고도, 실행의 첫 출발점이 되는 과단성이 없으면 다 쓸데없다'는 말을 하면서 이 구절을 설명함

🌀 孔子(공자)는 論語(논어)에서 人間(인간)을 네 분류로 구분

① 生而知之者(생이지지자): 태어나면서부터 아는 자
② 學而知之者(학이지지자): 배워서 아는 자
③ 困而學之者(곤이학지자): 곤란을 겪고 나서야 아는 자
④ 困而不學(곤이불학): 곤란을 겪고서도 교훈을 얻지 못하는 자

🌀 논어

可與共學 未可與適道(가여공학 미가여적도)
함께 배울 수는 있어도 함께 도에 나아갈 수 없고
可與適道 未可與立(가여적도 미가여립)
함께 도에 나아갈 수는 있어도 함께 설 수는 없으며
可與立 未可與權(가여립 미가여권)
함께 설 수는 있어도 함께 권력의 도를 행할 수는 없다.

논어

君子三變(군자삼변)
① 멀리서 보면 嚴肅(엄숙)한 사람
② 가까이선 따뜻한 사람
③ 들어보면 合理的(합리적)인 사람

논어

吾日三省(오일삼성)
하루에 3가지 자신을 反省(반성)하라
① 다른 사람을 위해 最善(최선)을 다 했는가?
② 親舊(친구)에게 信賴(신뢰)를 얻었는가?
③ 오늘 배운 것을 몸에 익혔는가?

논어

苗而不秀者 有矣夫(묘이불수자 유의부)
싹이 나오고도 꽃이 못 피는 것도 있고
秀而不實者 有矣夫(수이불실자 유의부)
꽃은 피었으나 열매를 맺지 못하는 것도 있다.

맹자

天任黎民勞骨筋(천임여민노골근)
하늘이 큰일을 맡길 땐 몸과 마음에 시련을 주는 법
忍性苦心堅氣稟(인성고심견기품)
성질 참고 고뇌하며 기품을 굳게 하여
居憂處患却恭勤(거우처환각공근)
우환 속에 든다 해도 되레 근면 공경하네

🌐 맹자

拔苗助長(발묘조장)
농부가 마음이 급하여 싹을 뽑아 성장을 도움
급하게 서두르다 오히려 일을 망침

🌐 맹자

父子之間 不責善(부자지간 불책선)
아비와 자식사이에는 좋은 뜻으로라도 책망하지 마라.
責善則離 離則不祥 莫大焉(책선즉리 이즉불상 막대언)
책망하게 되면 마음이 멀어지고, 마음이 멀어지게 되면 좋지 못한 일이 이보다 더 큰 게 없다.

🌐 명심보감

酒逢知己千杯少(주봉지기천배소)
정든 친구와 술을 마시면 천 잔도 적으나
話不投機半句多(화불투기반구다)
의기투합하지 않는 친구와 나누는 대화는 반 마디도 많다.

🌐 불교에서의 四苦(사고)

① 愛別離苦(애별리고): 사랑하는 사람과 이별하는 苦(고)
② 怨憎會苦(원증회고): 싫어하고 미워하는 사람과 함께 사는 苦(고)
③ 求不得苦(구부득고): 구하려하나 욕구가 충족되지 않는 苦(고)
④ 五蘊盛苦(오온성고): 자기중심적 집착으로 인한 苦(고)

損者三樂(손자삼요): 좋아하여서 해로운 일 세 가지
① 교만하고 사치함을 좋아하는 일
② 편안하게 놀기를 즐기는 일
③ 잔치를 베풀고 즐기기를 좋아하는 일

損者三友(손자삼우): 손해되는 세 종류 벗
① 편벽된 벗
② 착하기만 하고 줏대 없는 벗
③ 말만 잘 하고 성실하지 못한 벗

史記
目見毫末 不見其睫(목견호말 불견기첩)
눈은 잔털의 끝은 볼 수 있어도 자기의 속눈썹은 보지 못한다.
남의 허물은 눈에 잘 띄지만 자신의 허물은 알아차리기 못한다.

呻吟語(신음어) 여곤
一失脚爲千古恨(일실각위천고한)
한 발짝 헛디디면 천고의 한이 되고
再回頭是百年人(재회두시백년인)
다시 고개 돌리니 백 년 사는 인생일세

☞ 길어야 백 년 사는 인생인데 도처에서 실족으로 인하여 천고의 한만 길게 남는다. 인간의 탐욕 탓이지만 그때 내가 왜 그랬나 싶은데 후회한들 소용이 없다.

🔹 沈攸之(심유지) 송나라

早知窮達有命(조지궁달유명)
진작에 궁달에 정한 운명이 있음을 알아
恨不十年讀書(한불십년독서)
십년독서를 못한 것이 안타깝다.

🔹 안중근

一勤天下 無難事(일근천하 무난사)
한결같이 부지런하면 세상에 어려울 것이 없다

🔹 안중근

一日不讀書口中生荊棘(일일부독서구중생형극)
하루라도 책을 읽지 않으면 입안에 가시가 돋는다.

🔹 안중근

初學三年 天下無敵(초학삼년 천하무적)
처음 3년을 배우면 세상에 무서울 것이 없고
再修三年 寸步難進(재수삼년 촌보난진)
다시 3년을 더 배우면 발걸음 하나 나아가기 어렵다.

☞ 배울수록 겸손해진다

🔹 梅經寒苦發淸香(매경한고발청향)

매화는 모진 추위를 겪고서 맑은 향을 피우다.

🌀 **先掉尾 後知味(선도미 후지미)**
　개가 음식을 먹을 때 먼저 꼬리를 흔들고 나서 맛을 봄
　무엇을 먼저 계획한 다음에야 그것을 얻음

🌀 **先何心 後何心(선하심 후하심)**
　먼저는 무슨 마음이고 나중에는 무슨 마음이냐
　이랬다저랬다 하는 변덕스러운 마음

🌀 **소동파 – 술이란?**
　釣詩鉤 掃愁帚(조시구 소수추)
　시를 건지는 낚시 바늘이며, 시름을 쓸어내리는 빗자루다.

🌀 **年年歲歲 花相似(연연세세 화상사)**
　해마다 피는 꽃은 서로 비슷하지만
　歲歲年年 人不同(세세연연 인부동)
　해마다 보는 사람은 서로 같지가않구나

🌀 **燕雀安知鴻鵠之志(연작안지홍곡지지)**
　燕雀(제비와 까치)이 어찌 鴻鵠(기러기와 고니)의 뜻을 알겠는가?

🌀 **牛溲馬勃 敗鼓之皮(우수마발 패고지피)**
　소 오줌과 말똥 그리고 찢어진 북 가죽
　보잘 것 없는 물건이나 나중에 요긴하게 사용됨

🌐 運命(운명)과 宿命(숙명)의 차이

運命(운명): 인간을 지배하는 필연적이고 초월적인 힘. 변하는 것
宿命(숙명): 날 때부터 타고난 운명. 변하지 않는 것

🌐 益者三樂(익자삼요): 좋아하여 유익한 일 세 가지

① 禮樂(예악)을 알맞게 지키는 일
② 남의 착한 일을 드러내어 말하는 것
③ 어진 벗이 많음을 좋아하는 일

🌐 益者三友(익자삼우): 도움이 되는 세 종류 벗

① 정직한 벗
② 성실한 벗
③ 견문이 넓은 벗

🌐 人生四喜(인생사희) – 최치원

七年大旱逢甘雨(칠년대한봉감우)
칠 년 동안 긴 가뭄에 단비가 내릴 때
千里他鄕逢故人(천리타향봉고인)
천 리 타향 먼 곳에서 고향사람을 만날 때
少年登科榜掛時(소년등과방괘시)
소년 때 과거에 급제하여 이름을 알릴 때
無月洞房華燭夜(무월동방화촉야)
달도 없는 어두운 신혼 방에 화촉을 밝힐 때

🌐 맹자 – 人生三樂(인생삼락)

① 부모, 형제 모두 다 건강할 것
② 하늘을 우러러 한 점 부끄럽지 않을 것
③ 천하의 인재를 모아 가르치는 것

🌐 中庸(중용)

人一能之 己百之(인일능지 기백지)
남이 한 가지에 능통하면 나는 백 가지에 능통하고
人十能之 己千之(인십능지 기천지)
남이 열 가지에 능통하면 나는 천 가지에 능통하다

☞ 人百己千(인백기천)
　남이 백번 노력하면 나는 천 번 노력 한다.

🌐 증자

鳥之將死 其鳴也哀(조지장사 기명야애)
새가 죽음에 임박할 땐 울음소리가 애처롭고
人之將死 其言也善(인지장사 기언야선)
사람이 죽으려 할 때에는 그 말이 착하다

🌐 此一時 彼一時(차일시피일시)

지금은 지금이고 그 때는 그때이고

☞ 왕은 때에 따라 결정이 달라도 인정된다는 帝王無恥(제왕무치)와 같은 맥락

蒼蠅附驥尾 致千里(창승부기미 치천리)

쉬파리 혼자서는 먼 길을 갈 수 없지만 천리마의 꼬리에 붙으면 천릿길도 갈 수 있다
凡人(범인)이 賢者(현자)에게 달라붙어 功名(공명)을 이룸

채근담

攻人之惡 毋太嚴 要思其堪受(공인지악 무태엄 요사기감수)
남의 잘못을 너무 엄하게 공격하지 말라, 그가 그 공격을 받아 견딜 만한가를 생각해 보아야한다
敎人之善 毋過高 當使其可從(교인지선 무과고 당사기가종)
사람을 선으로 가르치되 지나치게 내새워선 안되며 그가 받아서 감당할 수 있을 지를 생각해야한다

靑柿(청시)가 熟柿(숙시)를 哀悼(애도)한다

감나무에서 떨어지는 紅柿(홍시)를 푸른 감(靑柿)이 애도함
헤어짐에 참으로 哀痛(애통)하지만 머지않아 나도 그 신세가 된다
先輩(선배)가 退任(퇴임)한다고 슬퍼하지만 後輩(후배)도 곧 그 자리에 있게 된다.

태공망

勿以貴己而賤人(물이귀기이천인)
자기가 귀하다고 남을 천하게 여기지 말고
勿以自大而蔑小(물이자대이멸소)
자기가 크다고 해서 작은 사람을 우습게보지 말며
勿以恃勇而輕敵(물이시용이경적)
자기가 힘이 세다고 해서 적을 가볍게 보지 말라

한비자

千丈之堤 潰自蟻穴(천장지제 궤자의혈)
천 길 둑도 개미구멍으로 인해 무너진다.

회남자

擧事以爲人者 衆助之(거사이위인자 중조지)
다른 사람을 위해 일을 행하는 사람은 대중이 그를 도와주지만
擧事以自爲者 衆去之(거사이자위자 중거지)
자신을 위해 일하는 이는 대중이 그를 버린다.

추천의 글

저자와는 같은 시골 마을에서 태어나 초중고를 함께 다녔다. 세월이 흘러 흘러 사는 곳이 달라져도 지금까지 우리의 변함없는 우정은 현재 진행형이다. 저자는 늘 준비에 철저하여 먼저 문을 두드리는 사람이다. 자신만을 위한 것이 아니라 동료, 이웃을 생각하는 이타심의 발로이다. 공동선을 위해 적극적이고 능동적으로 표현하고 실천하는 면은, 가히 아름답기까지 하다. 여기에는 또한 유머와 재치가 함께 한다. 고교 시절, 야구 응원 때의 일이다. '플레이! 플레이! 예천!! 잘 한다! 임세기!!' 하는 것이었다. 관중석은 폭소와 박수로 에너지가 넘쳤다. 자신에게 주어진 기회를 적재적소 적시에 활용하는 즉흥 연기력이 뛰어나서 항상 부러움의 대상이었다.

이 책을 읽고 적절히 활용하면 자기 스스로에게 뿐만 아니라, 타인과의 관계에서도 웃음과 즐거움이 같이하는 시간이 될 것이라고 믿어본다. 친구의 일상생활에서 얻은 경험과 지혜가 책 구석구석에 녹아있기 때문이다. 같이 웃고 즐거워할 수밖에 없는 유머와 건배사, 시에는 효와 사랑이 넘치고, 한자와 역사는 역사적 인물들의 처음 들어보는 사랑과 애정을 표현하여, 사람 사는 것이 예나 지금이나 비슷하다는 것을 일깨워 준다.

요즘 학생들을 가르치는 입장에서 명심보감을 인용해 보면 '오직 부지런함이 공이 있느니라(惟勤 有功).'고 했다. 저자는 참으로 부지런해서, 이 책이 공으로 태어났고, 저자가 오랫동안 동료의 수고로움과 근심을 더는 데 힘을 쓴 결과로 이 책은 우리 모두의 기쁨과 즐거움이 되었다.

  이 책은 건배사와 시 등을 통해 눈에 보이지 않는 깊은 우정이 숨 쉬고 있다. 끝으로 이 책을 통해서 독자들의 삶에 새로운 시간들이 찾아오기를 소망해본다.

— 초등학교 水魚之交 **권오면**

  40여 년 전 까까머리 중학교 시절 어느 추운 겨울 방학 때에 산 너머 20여리 길을 걸어서 생각지도 못한 친구가 찾아왔다.
  그로부터 지금까지 함께 해온 삶!
  모든 일에 최선을 다하고 도전적인 삶을 추구해 온 친구.
  각종 모임에서 부드러운 넛지로 강요하는 건배사!
  웃음을 자아내는 잔잔한 유머!
  선인들의 시를 해학적 위트로 제조한 시 낭송!
  이러한 저자가 『세기의 유머, 행복바이러스』란 책을 출간 한다고 했을 때, 친구가 살아온 삶 자체를 책으로 출간한다는 생각이 들었다.

  웃음은 세계인의 공통언어이며, 만병통치약이라고 한다.
  웃음은 우리네 인생에 윤활유 역할을 하면서 삶을 더욱 더 기쁘게 행복하게 하는 묘약이 아닐까 생각해 본다.

이 책을 읽으면서 나도 모르게 입가에 미소를 띠게 되었다.

독자 여러분도 이 책을 읽다보면 한층 품격 있는 유머, 위트, 해학, 시를 접하면서 삶이 풍요롭고 행복해지리라 믿어본다.

— 중학교 竹馬故友 **황병천**

미남 배우 장동건 보다는 개그맨 장동민과의 삶이 더 행복할 수 있지 않을까? 사람의 언행에서 분출되는 행복바이러스는 유머감각을 얼마나 많이 가졌는가에 달려 있다고 봐도 과언이 아닐 것이다. 우리네 선조들의 해학을 한자를 통해서 접해 볼 수 있고, 이미 알려져 있는 음담패설은 배제한 채 절제된 유머를 소개하고 있다. 저자는 금융계에 종사하면서도 시에 많은 관심을 가져왔다. 따라서 저자의 정성과 마음이 전해오는 시(詩)까지 접해 볼 수 있는 책으로 추천한다.

— 고등학교 莫逆之友 **곽병칠**

언제나 만나면 즐거운 벗, 저자의 얼굴에는 늘 미소가 가득하다. 호방한 웃음소리와 함께 그가 전하는 유머를 접하고 같이 웃다보면 삶의 활력을 느낀다. 그와 대학에 등용하는 날, 전철에서 우연히 만난 인연이 필연을 넘어 이제는 연인처럼 다가와 늘 나의 인생에 행복 바이러스를 감염시킨다. 일파만파, 나비효과를 넘어서는 저자가 육빈당에 터전을 잡고 새로운 오십 리 길을 걷기에 앞서 이전에 걸어온 그의 유쾌한 웃음과 다정다감한 시어와 한자를 수반한 풍부한 양식이 담긴 오십 리를 책으로 펼쳐내 주니 반갑다.

가족사랑, 아내사랑, 친구사랑, 고객사랑을 담뿍 담아 낸 저자의 『세기의 유머, 행복 바이러스』를 읽다 보면 '나의 인생, 나의 행복'이란 그의 자전적 시어가 임세기다운 행로였음을, 그의 따뜻한 인간미를 나눈 동행이었음을 진하게 느끼며 감히 『세기의 유머, 행복 바이러스』의 일독을 권해 본다.

해불양수의 삶을 포용하고 나눠준 벗, 임세기 작가와 '이게 술이가' '아이다' '그럼 뭐꼬' '정이다'라는 건배사를 주거니 받거니 하며 계영배에 정과 망우물을 담아 권커니 잣거니 밤새 즐기고 싶은 저녁이다.

술 익는 밤, 책을 벗 삼아.

— 대학교 芝蘭之交 풍성금속상사(주) 대표 **박천현**

오랜 직장생활의 마침표를 찍은 저자가
『세기의 유머, 행복 바이러스』라는 쉼표로 다시 나타났다.

정직하게 늙은 소년이
일상의 소품으로 풀어낸 유머와
입가에 맴돌던 얘기로 만든 건배사
지나온 삶이 잘 포개어진 글감으로 엮은 시
그리고 한자를 느낌 있게 풀어낸 이 책으로

우리의 각박한 삶이 조금 더 다채로워지고
늘 입가에 웃음이 가득하길 원하는 분들과
대화에 마침표를 찍고 싶지 않은 분들께 감히 일독(一讀)을 권한다.
녹향이 물씬한 기해년 한여름!!

— 수협은행 後生可畏 남동탄지점장 **이홍구**

"할배요, 꼬꼬꼬, 꼬꼬꼬……"
처음에 할아버지는 무슨 뜻인지를 알지 못했으나, 닭 둥지를 확인하고 나서야 닭이 알을 낳은 것을 설명하고 있다는 것을 알아채셨다. 이 에피소드는 저자가 다섯 살 쯤 닭이 알을 낳았다는 것을 할아버지에게 알리는 것인데, 얼마나 감수성이 내재된 전달인가! 이처럼 저자는 어릴 때부터 일상적인 사건을 표현하는 데에 웃음을 자아내게 하는 자질을 갖고 있었던 것 같다. 이런 열정이 충만하여 저자는 자신의 인생 여정을 한껏 불어넣은 유머, 건배사, 마음의 시 등을 소재로 이 책을 세상에 내놓았다.

'유머는 스토리다'에는 동서고금의 해학을 분석하여 새로운 웃음을 선사하는 유머로 탈바꿈해 놓았다. 우리의 사회생활은 일상적인 모임의 연속이라 봐도 과언이 아닐 것이다. 그런 자리에는 술을 한잔 나누기도 하며, 또한 건배제의가 따른다. 직장, 가족, 친구 등 다양한 모임의 자리에서 멋진 건배사 한마디는 상대방에게 영원히 잊지 못할 추억이 되기도 한다.

이 책에 수록된 시는 동생이 학창시절이나 사회생활을 하면서 느낀

바를 평범하면서도 진솔한 이야기를 아름답게 써놓은 글로서 따뜻한 마음을 가진 독자 여러분들에게 큰 감동을 줄 것이다.

'한자는 인생이다' 편에는 한자의 글자 어원, 숙어, 문장 등을 다채롭게 분석하고 해설하여 독자들로 하여금 다시 책을 들게 하리라 믿는다. 한자와 한문에 다양한 관점으로 접근한 방법이 돋보인다.

'인생은 유머와 사랑이다'라는 모토로 살아온 저자의 오랜 숙고와 확고한 신념에서 이 책의 출간을 결심했으리라 생각된다. 또한 이 책에는 저자가 사소하지만 중요한 것을 꾸준히 기록하고, 숙성시킨 생각의 발로가 고스란히 녹아 있다.

개인적인 이유로 이 책의 일독을 권하는 것이 아니다. 이 책을 통하여 유머와 사랑에 교감하면서 우리의 마음을 더욱 아름답게 살찌우는 소중한 시간을 갖게 되길 희망해 본다.

— 형님 鶴峯 **임영기**

저자의 삶에는 늘 유머와 열정이 있다. 명절 때 가족이 모여도 항상 한마디 건배사를 준비하는 열정적인 사람이다. 그 건배사에는 사람에 대한 이야기가 빠진 적이 없다. 나도 저자 덕분에 늘 사람의 이야기가 있는 말을 할 줄 알게 되었다. 퇴직한 지 1년도 되지 않은 짧은 시간에 준비한 이 책에도 사람의 이야기가 있다. 나와 마찬가지로 이 책을 통해서 상대방과의 대화에서 열정적인 사람으로 기억에 남는 이야기 하나쯤 할 수 있는 방법을 알게 될 것이다.

— 50년 간 배워온 동생 **임성기**

에필로그 epilogue

뉴스는 이미 듣고 난 뒤에는 뉴스가 아니다. 누군가로부터 듣거나, 책에서 본 유머나 건배사를 그대로 누군가에게 옮기게 되면 그것은 이미 유머나 건배사가 아니다. 그것을 가공을 하든, 새로이 포장을 하든 자신만의 색깔을 입혀서 색다른 유머나 건배사를 만들어야 한다. 이 책에 실은 유머나 건배사는 사실을 바탕으로 90%는 진실이나 10%는 가공된 것이다. 이 책을 엮으면서도 어느 독자에게도 유익한 유머, 건배사, 참고할 만한 시나 한자가 하나는 있기를 간절히 바라는 마음으로 엮었다.

이 책이 출판되기까지 여러 사람의 도움이 필요했다. 특히 그 동안 유머나 건배사를 새로이 창작하게 되면 반응을 살펴야했다. 그 대상으로 활용한 것이 바로 직장 동료나 고객님, 그리고 친구 및 친척들의 모임이었다. 직장 후배들 특히 이홍구 지점장이나 하채용 지점장의 도움을 많이 받았고 또한 양복환 지점장은 유머 소재를 많이 제공해 줌에 감사드린다.

    전국 8도를 누비면서 모일 때마다 다양한 나의 유머나 건배사에 박장대소로 호응해 준 30년지기 '주마회(走馬會)' 회원, 25년을 함께 해온 사촌 모임 형제들, 특히 재롱을 피워도 웃음으로 모든 것을 받아주신 어머니와 삼촌, 그리고 건배사를 시킨다고 핀잔을 주면서도 묵묵히 도와준 부인 노수정(盧秀貞)께 고마움을 간직하고 있다.

    마지막으로 공사다망함에도 기꺼이 조언과 추천사를 아낌없이 써준 초딩 수어지교(水魚之交) 권오면, 중딩 죽마고우(竹馬故友) 황병천, 고딩 막역지우(莫逆之友) 곽병칠, 대학교 지란지교(芝蘭之交) 박천현 그리고 수협 직장 후배인 후생가외(後生可畏) 이홍구에게 감사드린다.

    또한 내 삶의 핵우산 역할을 해 주신 형님(영기)과 든든한 후원자를 자청해 준 동생(성기)도 고맙고 감사하다.

세기의 유머, 행복바이러스

발행일 초판 1쇄 발행 2019년 8월 30일
　　　　 2쇄 발행 2019년 9월 10일
　　　　 3쇄 발행 2019년 12월 20일
지은이 임세기

펴낸이 이영옥
편 집 김보영
펴낸곳 도서출판 이든북　　　　**등록번호** 제2001-000003호
전 화 042 · 222 · 2536　　　　**이메일** eden-book@daum.net
팩 스 042 · 222 · 2530
주 소 (34625)대전광역시 동구 태전로 30 광진빌딩 2층

ⓒ 임세기, 2019

ISBN 979-11-90022-97-2

값 12,000원

· 잘못된 책은 바꾸어드립니다.
· 이 책 내용과 사진 전부 또는 일부를 재사용하려면 반드시 저작권자와
　이든북 양측의 동의를 받아야 합니다.